Johann Rudolf Tobler

Grundzüge der evangelischen Geschichte

Johann Rudolf Tobler

Grundzüge der evangelischen Geschichte

ISBN/EAN: 9783743668386

Hergestellt in Europa, USA, Kanada, Australien, Japan

Cover: Foto ©Lupo / pixelio.de

Weitere Bücher finden Sie auf **www.hansebooks.com**

Grundzüge

der

evangelischen Geschichte

dargestellt

von

Joh. Rud. Tobler, V. D. M.

Zürich,
Druck von J. Herzog.
1870.

Vorwort.

Unsere Zeit strebt mächtiger, als jede frühere, dahin, ein Bild der evangelischen Geschichte zu gewinnen, das den Anforderungen menschlichen Erkennens mehr als dem blossen Glauben an die Ueberlieferung der kirchlichen Berichte gerecht werde. Der Schleier göttlicher Geheimnisse, in dem diese sich gefällt, fängt an sich überall zu lüften und wir beginnen die eigentlichen treibenden Faktoren, den äusseren Verlauf in Raum und Zeit, auch in der evangelischen Geschichte mehr zu beachten und zu unterscheiden, als jene kirchlichen älteren Schriftsteller, denen der Offenbarungsinhalt der Erscheinung Christi höher lag, als die Pragmatik der Geschichte. Doch lässt sich fragen, namentlich seit der zersetzenden Kritik, die Strauss und seine Gleichgesinnten ausgeübt, (vgl. das Leben Jesu für das deutsche Volk bearbeitet von David Friedrich Strauss. 2te Auflage. Leipzig. F. A. Brockhaus 1864. Schlussbetrachtung p. 621 ff.), ob überhaupt im dichten Schlinggewächse, das an dem Baume sich hinaufgerankt, die ursprüngliche Figur noch zu erkennen ist, oder, da nach demselben Urtheil „jeder mythische Zug, der zu dem Leben Jesu hinzukam, nicht nur einen geschichtlichen verdeckt hat, so dass mit der Wegräumung des ersteren der letztere wiederum zum Vorschein käme", sondern, nach Strauss, „gar viele auch von den darüber gelagerten mythischen Gebilden gänzlich aufgezehrt worden und verloren gegangen sind" sich die „historische Kunde von Jesus" auf eine gewissere Basis stellen lässt, als Strauss und vielen Zeitgenossen es erscheinen will. Wir müssen lernen „im Dunkeln" wiederum zu sehen, bemerkte derselbe Kritiker beim ersten Erscheinen seines Lebens Jesu, und Dr. Ferd. Christ. Baur, der jene Arbeit weiter einst geführt hat, nahm diese Aeusserung als treffend auf. (Siehe: Kritische Untersuchungen über die kanon. Evangelien. Tübingen, 1847. p. 50 f.) Ob nun auch wirklich „die Kritik alle bisher dafür gehaltenen historischen Lichter ausgelöscht habe" ist dabei weniger die Frage, als die Gewissheit der Aufgabe unserer Zeit, „durch allmälige Gewöhnung des (verletzten) Auges wieder Einzelnes unterscheiden zu lernen." Diesen Dienst scheint mir am besten ein scharfes Augenmerk auf die besondern Lesarten der älteren Handschriften, des Codex Sinaiticus besonders (א), dessen Neu-Auffindung die Erkenntniss der eigenen Textgeschichte so sehr gefördert und bereichert hat[1]), der Geschichtsforschung zu leisten und der wohl ältesten Textgestalt des Sinait. sind dann auch die folgenden Citate buchstäblich entnommen. Dass bei den wichtigeren Varianten der Vaticanus mit jenem öfters Hand in Hand geht und א, B und D am meisten stimmen, brauche ich nicht weiter zu bemerken hier. Die Folgerungen und die Schlüsse, die ich aus jenen ältern Lesarten gezogen habe, die ganze Combination, die ich darauf gewagt, sie habe ich selber weiter zu vertreten und bitte Andre nur sie vor der Hand zu prüfen. Wenn auch nicht Alles schon erhellt sein sollte, so hoffe ich, der Pfad sei doch gebahnt, auf dem ein jeder, nach der eigenen Gabe, an seinem Orte weiter dringen kann. Die Wissenschaft darf niemals ganz verzweifeln, dass es auf ihrem Wege licht und lichter werde! Die Theilerkenntniss fördert stets die ganze!

Schluss des Jahres 1869.

Der Verfasser.

[1]) Die folgenden Zahlen, die in den Text gedruckt sind, weisen vorläufig auf eine Reihe von Erläuterungen und Belegstellen der kurzen Grundzüge, die ich hier biete, hin, die je nach der Aufnahme, die meine Bemühung findet, nachfolgende „Beiträge zur evangelischen Geschichte" nachliefern werden.

I. Der Aufgang der Vollendung.

Den Anfang des Evangeliums des Reiches suchen wir, nach älterm reformirten Lehrbegriffe (1), weder erst in den Zeiten Christi, noch in der Erwählung des besondern Volks (cf. Exod. 19, 5, 6; 22, 31) zu Mosis Zeiten, Träger des Gottesreichs zu sein, sondern wir sehen mit der ganzen (2) Kirche Christi das foedus gratiae (cf. Joh. 1, 17) sich frühe (3) schon anzeigen, besonders in der wunderbaren Macht des Prophetismus Israels (cf. 2. Petri 1, 21), in dem der Geist des Herren die Gefässe, aus denen er den reichsten Gnadenquell ausströmen liess, weit über Raum und Zeit hinaus zu jenen Höhen trug, auf denen sie in die Vollendung schauen sollten! Der Ernst und die Erbarmung Gottes (cf. Röm. 2, 3. 4) tritt hier im Spiegelbild der Weltgeschichte voll entgegen uns und mit dem Evangelium schon das Gericht! (4)

Wo immer in Zeiten grosser Reichsbewegung der Prophetismus neu sein Haupt erhebt, ist daher ein Knotenpunkt der Reichsgeschichte anzunehmen und allgemein hat früh die Kirche (5) Christi auch im Wirken des Johannes (cf. Marc. 1, 1 ff. Ἀρχὴ τοῦ εὐαγγελίου Ἰησοῦ χριστοῦ. φωνὴ βοῶντος ἐν τῇ ἐρήμῳ .. καὶ ἐγένετο Ἰωάννης, ὁ βαπτίζων.. καὶ ἐξεπορεύετο κ. τ. λ.) in jenem Wüstenruf zur Sammlung und zur Oeffnung des künftigen, so nah gerückten Durchbruchs (cf. Joh. 1, 23. 26.), den Aufgang eines neuen Tages gesehen (cf. Luc. 1, 78). —

Allein wir würden den Grundtypus der mächtigen Bewegung (6), die von des Jordans Ufern ausging, nur halb verstehen und begreifen, wollten wir selbst jenes Tauchen (7) in seiner äusseren Gewaltigkeit (8) bloss in dem Sinn des späteren βάπτισμα μετανοίας (Marc. 1, 4. cf. 15.) uns auslegen und den Ritus des ῥαντισμός (9) zum Ausgangspunkte der Erklärung nehmen, sondern der Nachdruck auch, der in den Worten des Sinaiticus (Joh. 1, 26: ἐγὼ βαπτίζω ἐν τῷ ὕδατι) auf dem bestimmten Wasser ruht, lehrt uns, da Heiligkeit des Jordanwassers an sich nicht anzunehmen ist, dass die besondere Stätte, an die Johannes erst (cf. Joh. 10, 40 ὅπου ἦν Ἰωάννης τὸ πρότερον βαπτίζων mit 3, 23.) das Volk berief, symbolisch ebenso bedeutsam war, als das Emporsteigen aus jener Fluth (Josua 3, 16. 17) (10); es war die alte Heiligstätte (cf. Josua 5, 15) des ersten Antritts jenes Gotteserbes (11) und wo wir auch den Jordansübergang uns denken, — wir möchten ihn mit Noack (12) allerdings dem ältern Tarichaea näher setzen, als dem viel spätern Jericho des Südens (13) — so stunden jedenfalls die Steine (cf. Josua 4. 20) als Denkzeichen in der Nähe (14), die ewigem Gedächtniss aufbewahrten, was Gott an seinem Volke dort gethan (15) und auf die Zeichen, die an sich die Glaubenskraft des Abraham an die Verheissung (Gen. 22, 17, cf. 13, 16) zu neuer Flamme schüren konnten, wenn sie erlöschen wollte in dem Volk, beziehen sich auch offenbar die Worte Matth. 3, 9 (λέγω γὰρ ὑμῖν ὅτι δύναται ὁ θεὸς ἐκ τῶν λίθων τούτων ἐγεῖραι τέκνα τῷ Ἀβραάμ). An ihrer Erinnerung sich neu belebend, ging, wie der Thau aus Morgenröthe Schooss (cf. Ps. 110, 3 mit Gen. 15, 5) das Volk des Herrn, in priesterlichem Schmucke des Kleids der Reinigkeit (16), nun aus des Jordans Fluthen wie zu neuem Laufe in der That hervor und leicht konnte in jenen Pharisäerkreisen (cf. Joh. 1, 24) geheime Angst und Furcht sich geltend machen, dass die Wasser der Bewegung (cf. Gen. 49, 4 mit Joh. 3, 23) die Ufer überströmend, Dämme reissend, die Gräuel Judas und Jerusalems hinweg zu tilgen (cf. Maleachi 2, 10. 4, 3) sich anschicken möchten und an den Hals der eignen Ungerechtigkeiten (17) es ihnen auch, wie einst den Völkern (cf. Jes. 30, 28), gehe! Daher denn die Beförderung (18) des kühnen Mannes, die Frage nach der Berechtigung solch ganzen Thuns, die sich in jenen Worten der Gesandten (Joh. 1, 19 ff.) wie uns scheinen will (19) in schlichter Wiedergabe der eigensten Ausdrücke und Haltung beider Theile noch abspiegelt! Denn so viel können wir doch sicher sehen, Erneuerung der alten

Volksgemeinde in ihrer priesterköniglichen Macht (Exod. 19, 6) (20) war letztes Ziel der ganzen Taufbewegung. Selbst mit dem Falle des Johannes (21) auch erlosch sie nicht in ihren letzten Zügen; sie pflanzte sich in ferne Lande fort, die Schauer des Gerichts (Matth. 3, 7) und die Erlösungshoffnung, die in dem Nazoräerthum (22) zum Austrag kam, sie zitterten in weiten Kreisen nach, im Jenseitigen zumal, und jene 12 Johannisjünger, die Act. 19, 1—7 zu Ephesus erscheinen, waren nicht die letzten Stellvertrer des XII Stämme Volks, das seinen Anspruch, Träger der göttlichen Gerechtigkeit zu sein, so bald nicht aufgab und auch in die neue und höh're Fülle christlicher Begriffe (cf. Matth. 5, 17 ff.) sich überall nicht gleich zu schicken wusste! Den h. Rest (23) besammelte Johannes erst und Christus selbst begrüsste diesen Tagesleuchter (cf. Joh. 5, 35 mit Sach. 4, 2) (24) von ferne oder nahe (25) wohl mit Freuden. Der Haupt- und Schlussstein (Sach. 4, 7), der da Gnade heisst, in seiner ganzen Füllung (Joh. 1, 16) (26) liess sich fügen an diese Grundlegung des Jochanan. Daher trat sicher Jesus zur Taufbewegung auch hinzu; von welchen Ausgängen des eignen Hauses ist nicht so leicht zu sagen mehr, doch dürfen wir nach ihren Zeichen fragen!

II. Die Ausgänge des Herrn.

Nach der prophetischen Auffassung (cf. Micha 5, 1) sind freilich die Ausgänge (הַמוֹצָאוֹת) dessen, der ein Herrscher in Israel sein wird, weit vor (מִקֶּדֶם) im Schooss der Ewigkeit (מֵעוֹלָם) zu suchen und so verlegt das IV. Evangelium in seinem Eingang den Ursprung jenes Starken (1) auch in den Anfang aller Dinge. Daneben läuft dann durch die ganze Kirchenlehre (2) die Behauptung der Davidssohnschaft Christi, als des Erben der Gnaden jenes grossen Königs und diess auch wesentlich auf Grund der Schriftweissagung (Micha 5, 1 cf. Matth. 2, 5. ff.) Man könnte nun in unsern Tagen zwar geneigt sich fühlen (3) jenen höhern Ursprung, auf den zuletzt sich alles Zeitliche zurückführt, bei Seite zu lassen und den irdischen Zusammenhängen strenger nachzuforschen, doch kaum mit viel Gewinn für die Erkenntniss des innern Wesens jenes Nazaräers (cf. Matth. 2, 23). Die Davidssohnschaft geben Viele gegenwärtig Preis als blosses Postulat der Kirche nach der Schrift und meinen, dass nach dem Exile sich keine ächten Sprossen Davids mehr erweisen lassen (4). Allein auch zugegeben, dass das Königshaus seit jener Katastrophe mit Jechonja's Kerkerhaft (cf. 1. Chron. 3, 17 ff. und Matth. 1, 12) und Serubabels (Luc. 3, 27) Neuerhebung in der direkten Folge allerdings zurücktrat, so sind die Vettern Christi, die Domitian (5) noch vorbeschied, uns Zeugen immer, dass man Davididen, mit grössern Ansprüchen als Hausbesitz, zu jener Zeit im Volke kannte und selbst die Worte Marc. 12, 35—37 pll. ($\alpha\dot{v}\tau\grave{o}\varsigma$ $\varDelta\alpha v\grave{\iota}\delta$ $\lambda\acute{e}\gamma\varepsilon\iota$ $\alpha\dot{v}\tau\grave{o}v$ $\varkappa\acute{v}\varrho\iota o v$ $\varkappa\alpha\grave{\iota}$ $\pi\tilde{\omega}\varsigma$ $v\grave{\iota}\grave{o}\varsigma$ $\alpha\grave{\iota}\tau o\tilde{v}$ $\dot{\varepsilon}\sigma\tau\acute{\iota} v$) deuten, recht verstanden (6), mehr auf das höhere Verhältniss des Christus nach dem Geiste (Röm. 1, 4. cf. v. 3.) zu seinem Ahnen David, dessen Spross der höchste auf der Leiter aller Gnaden im strengen Sinn des Worts nicht bleiben kann (7), uns hin, so dass wir immerhin noch glauben möchten, in jenem Haus (cf. Marc. 6, 3. 15, 40. Matth. 13, 55), obwohl es fast mit Seitenblicken im Volksmund dort erscheint, pflanzte sich ein Ableger und Seitenzweig des königlichen Stammes durch Maria's Vermittlung fort und wenn das Volk, die Fernen und die Nahen (cf. Matth. 15, 22. Marc. 10, 48. pll.) (8) den Ruf »Sohn Davids!« an den Herren richten, so liegt auch hierin noch ein Fingerzeig, wie Jesus wenigstens betrachtet ward! Jesus wehrt auch v. 49. der Rede nicht, er lässt den Mann sogar herrufen ($\varepsilon\tilde{\iota}\pi\varepsilon v$ $\varphi\omega v\varepsilon\tilde{\iota}\tau\varepsilon$ $\alpha\dot{v}\tau\acute{o} v$); dass Andre ihn beschalten, dass er schweige, galt wohl dem Aufsehen, das so entstand, wenn das Geschrei zu Aller Ohren drang (cf. Marc. 8, 23 $\dot{\varepsilon}\xi\acute{\eta}v\varepsilon\gamma\varkappa\varepsilon v$ $\alpha\dot{v}\tau\grave{o} v$ $\ddot{\varepsilon}\xi\omega$ $\tau\tilde{\eta}\varsigma$ $\varkappa\acute{\omega}\mu\eta\varsigma$ s. u. mit v. 24 (9), das sie vermeiden wollten vor den Grossen (cf. Jes. 9, 14; 19, 15)! Dürften wir also noch immerhin annehmen, dass Ahnherrn Blut in Christi Adern rollte und Atavismus (10) auf ihn übertrug des Geistes Zug, so ist begreiflicher auch, wie uns scheint, dass jene Erstberufenen (Marc. 1, 19, 20) sobald ihr Eigenes verliessen und dem folgten, der als ein Vetter, durch die Salome, im Allgemeinen ihnen wohl bekannt war, von dem im Haus, das Hoffnungen fort nährte, man öfter sprach, der durch sein ganzes Wesen (cf. Abschn. III.) dieselben zu verwirklichen geeignet schien (cf. auch Joh. 2, 5)! Beim ersten Ruf kann wohl das eigne Haus sich anschicken ein Erbe anzutreten, doch ohne Vorrecht an die Herrscherwürde (cf. Matth. 20, 20 ff.) drängt sich nicht jeder zur der Folge Bürde! — So sehn wir denn den fernen Ausgang wenigstens des Herrn aus Davids Haus und Davids Hochberuf. Den näheren deckt wohl ein dichtrer Schleier (cf. Luc. 1, 35. Matth. 1, 18) wenn a. n. Joh. 7, 27. (cf. 6, 42 οὗ ἡμεῖς οἴδαμεν καὶ τὸν πατέρα) Viele behaupteten, sie wüssten woher sei Er! Ob jene Rede sich zusammenfügt mit dem, was die Rabbinen (11) von dem πανθήρ, Stata (sta-da)-signum? (12) berichteten, der noch bei Epiphanius, wenn auch in andrer Stellung nun erscheint (13), und ob der »Fleckige« (Panther) dem ὁ λεπρός (Marc. 14, 3 pll.) vielleicht zur Seite tritt, mit Namen Simon eigentlich (cf. a. Luc. 7, 40 ff.), der als ein Pharisäer (cf. v. 36 u. 39) der Eiferrichtung (Galat. 1, 14) mit dem Σίμων κανανίτης (Matth. 10, 4) ζηλωτής (Luc. 6, 15) Act. 1, 13. cf. die Grundform, die auf das hebr. קְנָא zurückführt Marc. 3, 18 Σίμωνα τὸν καναναῖον) zu vergleichen ist, ist eine weitverzweigte (14) für uns jetzt schwer mehr ganz lösbare Frage. Nur Eines möchte sich in dieser Richtung der Exegese wohl empfehlen, für's Erste Marc. 1, 36 (καὶ κατεδίωξεν αὐτὸν Σίμων καὶ οἱ μετ' αὐτοῦ cf. 3, 21) den Simon schlechthin, der Jesus verfolgt (15), nicht von dem Simon Petrus (cf. v. 29 u. 30), sondern von jener viel berührten (16) und berüchtigten (17) (cf. Joh. 6, 71 ἔλεγεν δὲ Ἰούδαν Σίμωνος ἀπὸ καρυώτου) Persönlichkeit im Dienste, wie es scheint (cf. Luc. 17, 16; 19, 2) der Römer und fremden (kariotischen) Ursprungs (cf. Κλώπας Joh. 19, 25 mit Marc. 15, 40. 2, 14 u. Luc. 24, 18. =Calpaeus?) wie man denken sollte (18), zu verstehen, dessen Verhältniss zu Marias Haus und Söhnen uns später noch in Frage kommen soll (19) und zweitens ἐν Κανᾶ (Joh. 2, 1) nicht von dem Orte Kana (el-Jelil) (20) oder Cannae (21) umzudeuten, sondern das קִנְאָה des Urtexts sicher auf die Person des Wirths des Hauses zu beziehen, so dass der Vorfall (22) in dem Hause, vielleicht in Zeit und Ort identisch mit dem Luc. 7, 36 Berichteten (cf. pll.) (23) mit jenem Eiferer zusammenhängt, wo Jesus ohne Zweifel seine königliche Prärogative (24) durch Munificenz erweisen sollte und diess in seiner Weise dann vollführte (25)! Wie immer wir das Einzelne uns deuten, der Schauplatz der ersten Erscheinung Christi scheint sicher in Bethanien (26) (cf. Joh. 1, 28. mit Marc. 14, 1, pll.) zu suchen. Wir finden aber letzteres am obern Jordan und wären sehr geneigt Schiffhausen, als Fähre von Beth-Sean (Skythopolis) (27) uns vorzustellen, wofür noch manche andere (28) Gründe sprechen, die in den Noten sich erweisen sollen.

III. Der Reichsantritt des künftigen Erben.

Vom Jordansufer (Joh. 1, 28) ging es in des Kannas Haus (2, 1. ff.) und dann hinunter nach Kapernaum (2, 12) und bald (cf. v. 13) herauf von da zum Heiligthum. — Diess sind die wenigen sichern Punkte, die aus der Zeit der ersten Reichsbestellung sich noch finden in unsern Evangelien! Was sie bedeuten, ist die zweite Frage, und wie wir sie ergänzen können, eine dritte! Die Bildungszeit des Herrn ist ganz verborgen, er tritt zum Hause (Marc. 3, 20 καὶ ἔρχεται εἰς οἶκον) als der Hochberufene (cf. Luc. 2, 52 καὶ ὁ Ἰησοῦς προέκοπτεν ἐν τῇ σοφίᾳ καὶ ἡλικίᾳ καὶ χάριτι θεοῦ καὶ ἀνθρώποις mit v. 40)! — Man könnte aus einigen Anzeichen (1) allerdings auf Mosis Bildung (Act. 7, 21. 22) etwa schliessen in früherer Jugendzeit (2). Der Jüngling aber scheint im Nasirthume (3) Israels, in dem der Grundgedanke Stellvertretung des Volkes selber war (4), das erste Zeugniss seines Wesens abgelegt zu haben, als er mit seinen Eltern (cf. Luc. 2, 41, lies κατ᾽ ἔθος ff.) oder der Mutter wenigstens (cf. 1. Sam. 1, 24) zur h. Stadt hinaufzog und dort Alles, was das Gesetz (cf. Numeri 6, 1—21) vom Gottgeweihten (cf. Gen. 49, 26) forderte, gelobte und vollzog (cf. Luc. 2, 39) καὶ ὡς ἐτέλεσεν ἅπαντα (cf. a. Luc. 2, 24 mit Numeri 6, 10) κατὰ τὸν νόμον κυρίου ἐπέστρεψαν εἰς

Γαλιλαίαν εἰς πόλιν ἑαυτῶν Ναζαρέτ. Selbst jenes Nazareth (4) (cf. Luc. 4, 16. Ναζαρὲτ οὗ ἦν ἀνατεϑραμμένος mit Marc. 1, 9. 2. das uns der Sin. (Matth. 13, 54) seltsamer Weise als Antivaterstadt (cf. Matth. 9, 1) καὶ ἦλϑεν εἰς τὴν ἰδίαν πόλιν mit jenem καὶ ἐλϑὼν εἰς τὴν ἀντιπατρίδα αὐτοῦ) vorführt, das Keim in Nazara (5) (cf. Matth. 2, 23 ναζωραῖος) umtauft, ohne dass' wir deswegen freilich besser sehen, warum das Haus sich daselbst niederliess (6) möchte beinahe an das Nasir (נָזִיר cf. Num. 6, 4) thum des Herrn, das seine Grundbestimmung zeigt, anklingen und jene Gottesgluth, diess höhere Wesen, ist auch in Luc. 2, 49, uns noch angedeutet. (7) Diess Heiligwesen in der Gemeinschaft Andrer vielleicht erst (8) (cf. Act. 21, 23. 26) vermochte ihm das eigne Haus, die Heimstätte der Seinen (cf. Matth. 13, 54 mit 19, 12) zu ersetzen und erst die Volksgemeinde an dem Jordan rief das geweihte Haupt dann an die Spitze (cf. 5. Mos. 18, 15 mit Joh. 1, 21 (9). Mit Freudenthränen Gottes Boten (cf. Jes. 52, 7 mit Luc. 7, 38, Joh. 12, 3 die Füsse mit dem Königshaupte: Marc. 14, 3 pll.) grüssend, hat wohl die Mutter selbst ihn dort empfangen, allein nicht im Gefolge jener Menge (Matth. 3, 5) wollte der Heilige (cf. Marc. 1, 24 οἴδαμέν σε τίς εἶ, ὁ ἅγιος τοῦ ϑεοῦ) des Herrn zum Tempel ziehen. Er zog sich Allem nach (cf. Marc. 1, 12. pll.) zuerst noch in die Einsamkeit zurück, auf eine Bergeshöhe (Luc. 4, 5 liest der Sin. nur καὶ ἀναγαγὼν αὐτόν κ. τ. λ.) eine Trift (מִדְבָּר) 10) von welcher er zum See (Marc. 1, 16 ff.) und nach Kapernaum (v. 2 ff.) herunter kam (cf. Joh. 2, 12 κατέβη mit 4, 47 und allen älteren (11) Zeugnissen jenes καταβῆναι). Wo er inzwischen weilte, ehe er das erste Treugefolge sich erlas, ist kaum nur angedeutet. Vielleicht dürfte man nach der Verbindung Bethsaidas (Johannes 1, 45 cf. Matth. 11, 21 pll.) mit Chorazin = der Kuppe jenes (?) Hor (Num. 34, 7—9), — wo ich aber nicht mit Knobel exeg. Hdbch. an den mons Casius südwestwärts von Antiochia am Orontes s. Ritter Erdkde. XVII. p. 1123 ff., sondern lieber an das promontorium Carmeli denken möchte s. u. Abschn. IV. u. V. u. cf. Matth. 5, 14 — auch auf die letztre Stätte schliessen (cf.

den Weg über Nain vorbei Luc. 7, 11), die als Felsenburg und Höhlenhort noch nach der Rückkehr von Jerusalem (cf. 4, 40. 47.), überhaupt bei jeder ernsteren Verfolgung, ihn sicher barg (cf. Marc. 3, 6. 7. 13.). Genug aus hehrer Einsamkeit tritt er zur Welt und naht dem Erbe Judas (Gen. 49, 8 ff.) wie Marc. 1, 28 der Sin. (cf. $\tau\dot{\eta}\nu$ $\pi\varepsilon\varrho i\chi\omega\varrho o\nu$ $\tau\tilde{\eta}\varsigma$ $\text{'}Iov\delta ai\alpha\varsigma$ mit Luc. 4, 44 $\varkappa\alpha\grave{\iota}$ $\tilde{\eta}\nu$ $\varkappa\eta\varrho\acute{\iota}\sigma\sigma\omega\nu$ $\dot{\varepsilon}\nu$ $\tau\alpha\tilde{\iota}\varsigma$ $\sigma\upsilon\nu\alpha\gamma\omega\gamma\alpha\tilde{\iota}\varsigma$ $\tau\tilde{\eta}\varsigma$ $\text{'}Iov\delta ai\alpha\varsigma$ mit 7, 17. 12) den Ruf daselbst schon früh erschallen lässt. Wie immer (13) wir jene $\dot{\varepsilon}\chi\acute{o}\mu\varepsilon\nu\alpha\iota$ (14) $\varkappa\omega\mu o\pi\acute{o}\lambda\varepsilon\iota\varsigma$ (Marc. 1, 38) uns erklären, die Städte, die Jesus nach Marc. 1, 45 am hellen Tage nicht zu besuchen wagte (wegen des Widerstandes der Zelotenpharisäer (cf. 1, 37 mit 40. 45. ?) lagen auf der Hauptstrasse nach Jerusalem wohl zu. Wie gerne hätte er viell. Bethel und Gibea, mit ihren Reichserinnerungen, selbst betreten; so musste er im Freien meist sich lagern am Waldessaume und bei den Viehhürden der Allmenden (cf. Marc. 1, 45 $\ddot{\varepsilon}\xi\omega$ $\dot{\varepsilon}\pi\text{'}$ $\dot{\varepsilon}\varrho\acute{\eta}\mu o\iota\varsigma$ $\tau\acute{o}\pi o\iota\varsigma$ $\tilde{\eta}\nu$) bevor er an dem Heiligthume selbst den Raum dem künftigen Reiche selber schuf! Wir können die Säuberung der Tempel area (15) von jenem eingedrungenen Kananitervolke (cf. Sacharja 14, 21) in allen Einzelheiten hier nicht voll bewähren und erklären (16), wenn jene aber um mancher äusseren Bedenklichkeiten willen in neuerer Zeit dem Zweifel selber unterlag (17), so scheint mir, abgesehen von der Frage ,nach der Zeit derselben (18), der Grundtrieb jenes Eifers, der reinen Tisch am Heiligthume schaffen wollte, die symbolische Hinweisung auf jene künftige grosse Volksgemeinde, die von dem neuen Tempel (cf. Ezech. 48) mit seinem נָשִׂיא (Ez. 46, 2 cf. mit Jes. 66, 20; 43, 28) ausgehen sollte, im tiefsten Grunde zu enthalten. Mit Simsonsmacht (cf. auch Luc. 20, 8) und Eifer (cf. Joh. 2, 17. Ps. 69, 10) gleichsam fegte der starke Held sogleich die Tenne (Matth. 3, 12) auf der nur die Spreu der künftigen Heiligkeit und Volksanbetung (Marc. 11, 17 cf. Jes. 56, 7) sich breit jetzt machte und doch war hier der Mittelpunkt des Reichs der Zukunft ja gegeben! Daher nach Marc. 11, 16 der Heilige nicht einmal litt, dass eines jener Thongefässe (mit heidn. Emblemen der Kanaaniter) (cf. Jes. 66, 20 mit Sacharja 14, 20. 21) durch das Heiligthum getragen werde; denn grössere, ganze, volle Heiligkeit des Priestervolkes jetzt zu Weg zu bringen, das war der tiefste Trieb des neuen Durchbruchs und in Jerusalem sollte er auch nach Maleachi 3, 1 ff. sich bald bewähren.

IV. Die Verfolgung.

Die Grösse jener Vollmachtsthat (1) erzeigt sich uns schon aus der Wirkung. Ist auch von äusserm Widerstand der Tempelhüter (2) nichts weiter sonst berichtet, (cf. immerhin Luc. 20, 6 mit Joh. 2, 18), (offenbar unterliessen die Judäer jenen aus heimlicher Furcht vor dem Volk, das eine Erneuerung der Heiligbewegung am Jordan in der Grossthat Jesu sah; mit des Johs. Thun (v. 4) brachte das seine Christus selbst in nähere Verbindung (a. a. O. v. 3, lies v. 7 καὶ ἀπεκρίθησαν εἰδέναι πόθεν! wohl zu denken ἐξ ἰδίας ἐξουσίας); gewiss war Jesu Bleiben in der h. Stadt von Stund an hoch gefährdet und bedroht; mag auch das eine oder andere Wort gefallen weiter sein (4); er wurde zuerst zur Stadt hinaus (cf. Joh. 3, 22 (5) und dann zum alten Horte (cf. 4, 46. 47. mit 4. 13) (6) hingedrängt, wenn er nicht selber diesen Rückzug wählte (7) und eine Hinterlist (8) nur, wie es scheinen möchte, bringt ihn zum 2ten Male nach Kapernaum hinein (cf. Marc. 2, 1 καὶ εἰσελθὼν πάλιν εἰς Καφαρναοὺμ δι' ἡμερῶν καὶ ἠκούσθη ὅτι ἐν οἴκῳ ἐστίν) zur Festeszeit (9) vielleicht, ins Römerhaus (10), das allen Spuren (11) nach wir hier betreffen.

Der Vorgang selber scheint in Kurzem der zu sein: Wie man dem Eiferer die Meldung machte, dass Jesus in dem oberen (12) Bezirke wieder weile (cf. Joh. 4, 46 ἦλθαν οὖν πάλιν εἰς τὴν Κανᾶν τῆς Γαλιλαίας) da lässt er sich auch keine Mühe scheuen (13) von seinem Horte ihn hinunter nach Kapernaum zu bringen, wo die politisch klerikale Macht der Zeit (cf. Marc. 3, 6) ihn überwachen und angreifen konnte (cf. v. 2 pll.). Nach einigem Sträuben lässt Jesus sich herbei den verna (14) ohne Zweifel, den todtkranken χωλός (cf. חלי Joh. 5, 5, die hebr. Buchstaben entsprechen in ihrem Zahlenwerth den 38

Jahren!) oder $\pi\alpha\varrho\alpha\lambda\upsilon\tau\iota\varkappa\acute{o}\varsigma$ (cf. Matth. 8, 6 pll.) (15), der wahrscheinlich mit Anfällen des sog. morbus comitialis behaftet war, zu heilen. Er trifft ihn im oberen Badgelasse (16) (cf. 2. Kön. 4, 10 mit 2. Chron. 9, 4 u. Richt. 17, 5) des Römerhauses in dem torculare olivarum, einer Oelpresse (cf. Joh. V. 2. $B\eta\vartheta-$ $\zeta\acute{\alpha}\vartheta\alpha$- (17) בֵּיתזִיתָא), wo auf einem tabulatum (18) man jenen nach Beseitigung der Leistenziegel (19) (Luc. 5. 19) durchs flache Dach (20) ins $\dot{\upsilon}\pi\varepsilon\varrho\tilde{\omega}o\nu$ liess, weil alle anderen Zugänge, selbst das compluvium und atrium (21) (cf. Marc. 2, 2. $\tau\grave{\alpha}\ \pi\varrho\grave{o}\varsigma\ \tau\grave{\eta}\nu\ \vartheta\acute{\upsilon}\varrho\alpha\nu$) von Menschenmassen (cf. auch Marc. 1, 33) dicht belagert waren. Mit einem kurzen Herrschwort (22) (cf. Joh. 5, 8. Marc. 2, 11 pll.) bringt er den grade sich aufrichtenden (lies Joh. 5, 6 $\dot{\alpha}\nu\alpha\varkappa\varepsilon\acute{\iota}\mu\varepsilon\nu o\nu$) dazu das tabulatum selber fortzutragen und allgemeines Staunen war die Folge (cf. Marc. 2, 12 $\lambda\acute{\varepsilon}\gamma o\nu\tau\alpha\varsigma\ \ddot{o}\tau\iota\ o\ddot{\upsilon}\tau\omega\varsigma\ o\dot{\upsilon}\delta\acute{\varepsilon}\pi o\tau\varepsilon\ \dot{\varepsilon}\varphi\acute{\alpha}\nu\eta\ \dot{\varepsilon}\nu\ \tau\tilde{\omega}$ $'I\sigma\varrho\alpha\acute{\eta}\lambda$) bei der Menge! In jenen Kreisen freilich, die ihn herberufen, in Hoffnung der Unmöglichkeit der Heilung, geheimer Aerger wohl und Neid und Hass (cf. Marc. 2, 6. mit 15, 10), der sich zur tödtlichen Verfolgung (3, 6) steigerte, als selbst der Sabbat (v. 2) nicht ihm wehren konnte, dem Heilberuf (Luc. 4, 18 ff. cf. Jes. 61, 1 u. Matth. 11, 5 mit Jes. 35, 5) des Knechtes Gottes, wo sich Gelegenheit dazu erschloss (cf. Marc. 3, 1 $\varkappa\alpha\grave{\iota}\ \varepsilon\dot{\iota}\sigma\tilde{\eta}\lambda\vartheta\varepsilon\nu\ \pi\acute{\alpha}\lambda\iota\nu\ \varepsilon\dot{\iota}\varsigma\ \sigma\upsilon\nu\alpha\gamma\omega\gamma\acute{\eta}\nu$), zu folgen. Hier in Kapernaum, von allen Seiten umlagert und bedrängt war bald (cf. auch Marc. 1, 35 mit Joh. 2, 12) sein Bleiben länger nicht (23) (von einer eigentlichen Niederlassung (24) Jesu dort kann keine Rede sein). Er macht sich auf zu neuem Rückzug (Marc. 3, 7 $\dot{\alpha}\nu\varepsilon\chi\acute{\omega}\varrho\eta\sigma\varepsilon\nu\ \pi\varrho\grave{o}\varsigma\ \tau\grave{\eta}\nu\ \vartheta\acute{\alpha}\lambda\alpha\sigma\sigma\alpha\nu$) dem Meere (d. h. wohl dem grossen, Ostmeer (25)) zu und steigt dort (26) wieder auf den (27) Berg, um sicherer zu sein und seine Hoheit vor der Welt zu bergen (cf. Marc. 1, 44. 43. 7, 36 pll. Joh. 6, 15) und zwar, wie es nach Marc. 3, 7 f. ($\varkappa\alpha\grave{\iota}\ \pi o\lambda\grave{\upsilon}\ \pi\lambda\tilde{\eta}\vartheta o\varsigma\ \dot{\alpha}\pi\grave{o}$ $\tau\tilde{\eta}\varsigma\ \Gamma\alpha\lambda\iota\lambda\alpha\acute{\iota}\alpha\varsigma\ \varkappa\alpha\grave{\iota}\ \dot{\alpha}\pi\grave{o}\ \tau\tilde{\eta}\varsigma\ 'I o\upsilon\delta\alpha\acute{\iota}\alpha\varsigma\ \varkappa\alpha\grave{\iota}\ \dot{\alpha}\pi\grave{o}\ 'I\varepsilon\varrho o\sigma o\lambda\acute{\upsilon}\mu\omega\nu$ $\varkappa\alpha\grave{\iota}\ \pi\acute{\varepsilon}\varrho\alpha\nu\ \tau o\tilde{\upsilon}\ 'I o\varrho\delta\acute{\alpha}\nu o\upsilon\ \pi\varepsilon\varrho\grave{\iota}\ T\acute{\upsilon}\varrho o\nu\ \varkappa\alpha\grave{\iota}\ \Sigma\iota\delta\tilde{\omega}\nu\alpha\ \pi\lambda\tilde{\eta}\vartheta o\varsigma\ \pi o\lambda\acute{\upsilon}$, cf. Luc. 6, 17 $\pi\lambda\tilde{\eta}\vartheta o\varsigma\ \pi o\lambda\grave{\upsilon}\ \dot{\alpha}\pi\grave{o}\ \pi\acute{\alpha}\sigma\eta\varsigma\ \tau\tilde{\eta}\varsigma\ 'I o\upsilon\delta\alpha\acute{\iota}\alpha\varsigma\ \varkappa\alpha\grave{\iota}$ $'I\varepsilon\varrho o\upsilon\sigma\alpha\lambda\grave{\eta}\mu\ \varkappa\alpha\grave{\iota}\ \pi\varepsilon\varrho\alpha\acute{\iota}\alpha\varsigma\ \tau\tilde{\eta}\varsigma\ \pi\alpha\varrho\alpha\lambda\acute{\iota}o\upsilon\ T\acute{\upsilon}\varrho o\upsilon\ \varkappa\alpha\grave{\iota}\ \Sigma\iota\delta\tilde{\omega}\nu o\varsigma$ cf. auch Luc. 12, 13 u. Abschn. VII.) scheinen möchte, im Festzug der Theoren Galiläas, Judäas und Jerusalems (28), wie selbst des Strömelandes (29) bis zum Euphrat und namentlich der Küstengegend von Tyrus und Sidon zum Wagenfest (30) des grossen Gottes (31) jener Urverehrung (32); gedeckt so von der Pilger Menge (cf. auch Joh. 6, 5) (33) und halb verborgen mit der kleinen Schaar (34) der eignen Leute, langte er am Berge an, sich ohne Zweifel zunächst in eine jener vielen Höhlen (35) (cf. Matth. 6, 6. mit 24, 26) daselbst zurückziehend, aus der er erst am Schluss des Festes (36), gleich einem Elias am Berge Gottes (37) (cf. 1. Kön. 19, 8. 11), hinaus zum Hause Israels (cf. Marc. 3, 20 καὶ ἔρχεται εἰς οἶκον) dann trat die Seinen zu besammeln (cf. Marc. 3, 13 pll.). Dass Jesus ähnlich wie sein Ahnherr David (cf. 1. Sam. 19, 18; 20, 1. 24; 21, 1. 10; 22, 1 ff. 26, 1; 29, 11 mit 2. Sam. 2, 1) dem finstern, strengen Saulusgeist der Pharisäer (cf. Marc. 2, 25 pll.) nur durch die Flucht in ferner liegendes Gebiet (38) entgehen konnte, dass er sich mit Davids Schicksal und mit seinen Gnaden (cf. 1. ff. Sam. 21, 6; 23, 9) mit jenem priesterlichen Vorrecht (Lev. 24, 5) die Seinen auch, die um die Speise (cf. 5. Mos. 23, 25) am Folgenden (cf. τὸν ἐπιούσιον sc. τῆς ἐπιούσης ἡμέρας (39) ἄρτον) am Sabbat schon besorgt sich zeigten (s. a. Luc. 6, 1 ἐγένετο δὲ ἐν σαββάτῳ, ohne δευτεροπρώτῳ (40): Sin. διαπορεύεσθαι αὐτὸν διὰ σπορίμων) tröstete, liegt auf der Hand; für Viele (41) weniger vielleicht die Ortsbestimmung des ersten Zieles jener Frühverbannung in's Fremdgebiet des Nachbarvolks der Küste; doch wenn wir alle Einzelzüge (42) wohl erwägen, die uns in unsern Evangelien entgegentreten und in den Noten noch besprochen werden sollen, so wird sich Mancher doch zuletzt geneigt erzeigen, den Carmel als den Berg der Festversammlung und auch des Reichsrufs (43) Christi nicht unpassend zu erfinden, besonders da den Hörnern von el-Huddin (44) erst eine verhältnissmässig späte (45) und keineswegs der ganzen (46) Kirche gemeinsame Tradition den Namen des Bergs der Seligpreisungen verlieh!

V. Die Frühlingsfestversammlung auf dem heiligen Berg.

Aus mancher ältern Kunde können wir ersehen, dass um die Zeit der Sommersonnenwende (1) dem tyrischen Melkart (2), dem Ἡρακλῆς (3) der Griechen, dem ältern Jupiter (4) und Mars invictus (5) der Römer auch, der ältesten Stammgottheit des Çiva-Çarva (Dionysos und Poseidon) Indiens, dem Durchbrecher (6) der obern Fluth (cf. Gen. 49, 25 mit 38, 29. 30) ein Fest gefeiert ward, am liebsten auf Promontorien (7) des Wogenstrandes (cf. οἱ ποταμοί: Matth. 7, 25 mit ὁ ποταμός: Luc. 6, 40, der Kison gemeint?) wo nach dem Grundgedanken jenes Doppelwesens (Çarva-Çarvani) (8) des grossen Helden (Ps. 19, 6) und der Schlummergöttin auf der κλίνη (9) (cf. Matth. 6, 1, Joh. 6, 3 καὶ ἀνῆλθεν εἰς τὸ ὄρος Ἰησοῦς καὶ ἐκεῖ ἐκαθέζετο μετὰ τῶν μαθητῶν αὐτοῦ) die mit dem Ersterwachen der Natur in neuen Bund (10) des Gattungslebens (11) treten, Geschlechtsvereinigung (12) in Reigentänzen (cf. Luc. 6, 23 σκιρτήσατε) den h. Platz (13) (cf. Joh. 6, 10 ἦν δὲ τόπος πολὺς ἐν τῷ τόπῳ) umkreiste, Hymnen (14) singend, das Lob des Unbesiegten und der dira, die stets in voller Rüstung sich befindet (15), auskündend aller Welt und froh geniessend, was nach des Winters herber Einschränkung der Tisch (16) der Gottheit, neu sich deckend, bot (cf. a. Luc. 8, 2. 3. αἵτινες διηκόνουν αὐτῷ ἐκ τῶν ὑπαρχόντων αὐτῶν mit Marc. 1, 13 die θηρία (17) die Dionysosmasken der Korybanten und Daktylenpriester, der Salier der röm. Arvalbrüderschaften und die ἄγγελοι urspr. מְשָׁרְתִים) (18).

Wenn Tausende da zu der Höhe stiegen, in dicht gedrängter Folge, Schritt an Schritt (cf. Luc. 12, 1 ἐν οἷς–sc. καιροῖς–cf. Marc. 9, 1 pll. Luc. 9, 28 ἐπισυναχθεισῶν τῶν μυριάδων τοῦ ὄχλου ὥστε καταπατεῖν ἀλλήλους) sie in dem Steinkreis (19) um die Sonnenthore (20) die h. Reigen (21) tanzten, die der Horen (22) und Himmelsmusen (23) Zug darstellten, die Beile (24) blitzten und der Thyrsusstab (25) hoch in die Luft sich schwang, der Boden bebte vom Aufschlag der Daktylen (26), jener Tänzer (27); am Tische Gads und jener Meni (28) (Jes. 65, 11 cf. a. 1. Kön. 18, 30 mit Matth. 5, 23 u. Luc. 4, 3 mit Matth. 4, 3) der Reichen Fülle Arme jauchzen machte (cf. Luc. 6, 24. 25 mit v. 23 u. 20, 21), der weite Raum des grünen Rasenpolsters (cf. Marc. 6, 39) die alte Lagerung (29) des Volkes (cf. v. 40 $\varkappa\alpha i\ \dot{\alpha}\nu\acute{\epsilon}\pi\epsilon\sigma\alpha\nu\ \pi\rho\alpha\sigma\iota\alpha i\ \varkappa\alpha\tau\grave{\alpha}\ \dot{\epsilon}\varkappa\alpha\tau\grave{o}\nu\ \varkappa\alpha i\ \dot{\alpha}\nu\grave{\alpha}\ \pi\epsilon\nu\tau\acute{\eta}\varkappa o\nu\tau\alpha$) sah; wenn Hörner tönten (cf. 2. Mos. 19, 16. 19. mit 32, 17 18. u. v 6); Einzelkämpfe die Augen auf sich zogen, (s. 2. Mos. 32, 18) bei Mondesschein (30) im Fackellaufe (31) auch (cf. Marc. 9, 3 pll.) der ganze Berg in höherm Licht erglänzte, der grausen Feueropfer (32) (cf. Marc. 9, 49 $\pi\tilde{\alpha}\varsigma\ \gamma\grave{\alpha}\rho\ \dot{\epsilon}\nu\ \pi\nu\rho i\ \dot{\alpha}\lambda\iota\sigma\vartheta\acute{\eta}\sigma\epsilon\tau\alpha\iota$) Schrei der Jubel der Lustranten (33) übertönte, — da war ein Leben auf dem Berg zu schauen, ob dem es Manchem möchte heimlich grauen! Der $\pi o\nu\eta\rho o i$ (34) (cf. Matth. 7, 11 mit dem $\dot{\epsilon}\chi\vartheta\rho\grave{o}\varsigma\ \ddot{\alpha}\nu\vartheta\rho\omega\pi o\varsigma$ Mtth. 13, 28) gab es wohl Viele dort, und ihrer Spitze (35) (cf. $\dot{o}\ \pi\epsilon\iota\rho\acute{\alpha}\zeta\omega\nu$ Matth. 4, 3. 7. pll.) galt des Herrn Wort (Luc. 4, 4 lies mit dem Sin. nur: $\varkappa\alpha i\ \dot{\alpha}\pi o\varkappa\rho i\vartheta\eta\ \pi\rho\grave{o}\varsigma\ \alpha\dot{v}\tau\grave{o}\nu\ \mathit{I}\eta\sigma o\tilde{v}\varsigma\cdot\ \gamma\acute{\epsilon}\gamma\rho\alpha\pi\tau\alpha\iota\cdot\ \ddot{o}\tau\iota\ o\dot{v}\varkappa\ \dot{\epsilon}\pi'\ \ddot{\alpha}\rho\tau\omega\ \mu\acute{o}\nu\omega\ \zeta\acute{\eta}\sigma\epsilon\tau\alpha\iota\ \dot{o}\ \ddot{\alpha}\nu\vartheta\rho\omega\pi o\varsigma$)! Erwehrte er sich erst am Flügel (36) des h. Ortes (der steilen Felswand von El-Mohraka (37) (cf. Luc. 4, 9 pll. (38)?) des $\dot{\iota}\sigma\chi\nu\rho\grave{o}\varsigma\ \varkappa\alpha\vartheta\omega\pi\lambda\iota\sigma\mu\acute{\epsilon}\nu o\varsigma$ (Luc. 11, 21 s. u.), so war es Zeit auch bald den engern Kreis (cf. Marc. 3, 13 mit Matth. 5, 1) der Auserwählten aufgeschlossnen Ohres (cf. Jes. 48, 8; 50, 4. mit Marc. 4, 10—12 pll.) um sich zu sammeln, denen er die Zukunft des Reiches der Verheissung anvertraute, bezeichnend scharf des Trägers Grundcharakter (39); den Gegensatz von Jetzt und Einst (40) (cf. Luc. 6, 21. 23. 25.) betonend. Auch Marc. 6, 34 lässt Vieles (41) ihn dort lehren; es immer besser (42) sich zu deuten, wer mag's wehren? Aus neugebildeten (43) Zusammenhängen, für andre Zeitbedürfnisse zugleich (44), hebt sich der Grundton jener Reden an die Seinen und an des Volkes Masse (cf. Luc. 6, 17 $\varkappa\alpha i\ \varkappa\alpha\tau\alpha\beta\grave{\alpha}\varsigma\ \mu\epsilon\tau'\ \alpha\dot{v}\tau\tilde{\omega}\nu\ \ddot{\epsilon}\sigma\tau\eta\ \dot{\epsilon}\pi i\ \tau\acute{o}\pi o\nu\ \pi\epsilon\delta\iota\nu o\tilde{\iota}$ bei el-Mansurah (45) zu suchen?) nur uns noch hervor. Aus Seligpreisung und aus Weheruf (cf. Luc. 6, 24—26 das 3fache οὐαί mit Jes. 48, 22; 57, 21; 66, 24) klingt Gottes Trost (Jes. 40, 1 ff.) und Gottes Ernstgericht, der Sehnsucht Seufzer (Jes. 64, 1—4) und des Heils Gewissheit mit Wundermacht des gotterfüllten Sinns (cf. Matth. 7, 28. 29) auf's Neue stets an unser Ohr, wenn wir eindringen in jener Rede Vollgewalt und tiefsten Sinn (46). Die Hoffnungs- und Vertrauensseligkeit der Kleinen (אֲנָיִים minores gentium: πτωχοί (47) Luc. 6, 20). der Grossen Selbstentfremdung jenes Trosts (Luc. 6, 24), die sichere Aussicht auf das künft'ge Erbe (47) (Matth. 5, 5) der Harrenden und stillen Seelen, der einstigen Gerechtigkeit, die alles Land erfüllen sollte, Herrlichkeit (cf. Luc. 6, 23 mit Jes. 42, 10 ff. 48, 18; 49, 23; 55, 12; 60, 1 ff. u. a. St.) der Boten Hochberuf, die solches künden (cf. Matth. 5, 9 mit Jes. 40, 9; 41, 27; 48, 20; 52, 7; 62, 11) die Schauung (48) aller Scheuen (49) (cf. Matth. 5, 7 mit 8) hier auf Erden (die höchste חֶסֶד jener Chasidim (50), die sich in Noth und Tod zur seligsten Gewissheit erst aufsteigert (cf. Matth. 5, 11. 12. Luc. 6, 22. 26), hebt sich auf jenem dunkeln Hintergrunde der Weltbefriedigung der ἔθνη, die dort die Hand sich reichten (cf. Matth. 5, 47), mit Himmelsklarheit und mit Hochverheissung, der die Gewissheit der Erfüllung inne wohnt, so sicher (51) noch hervor, als etwas ist! Die weiteren Zusammenhänge besprechen wir noch später. Ein Gemeinschaftsmahl (cf. Gen. 26, 30; 31, 54 mit Ex. 24, 11) schloss wohl auf jener Ebene (Luc. 6, 17) den neuen Bund, den Gott mit aller Welt eingehen sollte, die seinen Namen hoch und heilig halten (cf. Jes. 60, 3 ff. 65, 1 ff. 66, 19 ff) und da im Ueberlande (52), auch nach Luc. 8, 40 (ἦσαν πάντες προςδοκῶντες θεόν), Alles des Herrn und der Erfüllung der Verheissung wartete, so liess er sich auch dort (cf. Joh. 6, 23 ὅπου καὶ ἔφαγον ἄρτον) in nähere Verbindung ein; sollte dem Volkes-Bundesmittler (Jes. 42, 6) der fernste Weg zur Voll-Erstellung des Reiches (Jes. 49, 8 cf. Act. 1, 6) zu weit sein?

VI. Die Wiederbringung des Verlorenen.

(Jes. 49, 12.)

Dass Jesus vom Berg, auf dem er nächtlich noch fortweilte (cf. Joh. 6, 15. 16. Marc. 6, 45 ff. pll.), in einer Weise, die für die Jünger selber dunkel war (cf. Marc. 6, 47 ff. v. 49 lies: οἱ δὲ ἰδόντες αὐτὸν ἐπὶ τῆς θαλάσσης περιπατοῦντα ἔδοξαν φάντασμα ἐστίν u. v. 51: καὶ λίαν ἐν ἑαυτοῖς ἐξίσταντο) zum Meer herab kam, einsam am Gestade stund (v. 47) den Bedrängten durch die Fluthen (v. 48) zu Hülfe eilte, sie bald beruhigte (v. 50) und, ins Schiff aufgenommen, die ganze Lage bald eine andere Wendung nahm (cf. v. 51 mit Joh. 6, 21 ἦλθον οὖν λαβεῖν αὐτὸν εἰς τὸ πλοῖον καὶ εὐθέως τὸ πλοῖον ἐγένετο ἐπὶ τὴν γῆν εἰς ἣν ὑπήντησεν) ist im weiteren Verfolge klar. Die Mittelglieder des Wo und Wie sind aber mehrfach zu ergänzen. Dabei ist fraglich auch, ob nicht die ähnliche Beschwichtigung des Sturms (cf. Marc. 4, 39, Matth. 8, 26 τότε ἐγερθεὶς ἐπετίμησεν τῷ ἀνέμῳ καὶ τῇ θαλάσσῃ καὶ ἐγένετο γαλήνη μεγάλη Luc. 8, 24: ὁ δὲ διεγερθεὶς ἐπετίμησεν τῷ ἀνέμῳ καὶ τοῦ κλύδωνι τοῦ ὕδατος (cf. גָּדוֹל בַיָּם (u.) סַעַר Jon. 1, 4. 11. 12) καὶ ἐπαύσατο καὶ ἐγένετο γαλήνη) dieselbe Begebenheit und Zeit (cf. Luc. 8, 22: ἐγένετο δὲ μιᾷ τῶν ἡμερῶν ἐνέβη εἰς πλοῖον καὶ οἱ μαθηταὶ αὐτοῦ καὶ εἶπε πρὸς αὐτοὺς διέλθωμεν εἰς τὸ πέραν τῆς λίμνης · καὶ ἀνήχθησαν cf. v. 26: καὶ κατέπλευσαν εἰς τὴν χώραν τῶν Γεργησηνῶν ἥτις ἐστὶν ἀντιπέρα τῆς Γαλιλαίας mit Marc. 4, 35. Matth. 8, 23. 28: καὶ ἐλθόντι αὐτῷ εἰς τὸ πέραν εἰς τὴν χώραν τῶν Γαζαρηνῶν κ. τ. λ. u. Marc. 4, 1 καὶ ἦλθον εἰς τὸ πέραν τῆς θαλάσσης εἰς τὴν χώραν τῶν Γερασηνῶν! (1) mit v. 35 καὶ λέγει αὐτοῖς ἐν ἐκείνῃ τῇ ἡμέρᾳ ὀψίας γενομένης · διέλθωμεν εἰς τὸ πέραν mit 6, 45 καὶ εὐθὺς ἠνάγκασε τοὺς μαθητὰς αὐτοῖ ἐκβῆναι εἰς πλοῖον καὶ προάγειν εἰς τὸ πέραν πρὸς Βηθσαϊδάν! (cf. 8, 22) ἕως αὐτὸς ἀπολύσει τὸν ὄχλον) beschlage, da wenigstens das Lucas-

Evangelium nur von Einem κλύδων dieser Art (Luc. 8, 24 cf. ἐπιστάτα, ἐπιστάτα) berichtet! Wir hätten dann nach Marc. 4, 38 uns zu denken (cf. καὶ αὐτὸς ἦν ἐν τῇ πρύμνῃ ἐπὶ τὸ προςκεφάλαιον καθεύδων) dass die Jünger in die θεωρίς (2) (cf. Joh. 6, 24 εἰς τὸ πλοίαν stiegen, die sie mit den Festgästen aus dem diesseitigen Gebiet der Bucht von Chaifa (3) hinüber führen sollte, bis Jesus selber, der sich erst der Abendruhe und Betrachtung (cf. Marc. 6, 46. Joh. 6, 15) überlassen wollte, wieder mit ihnen im Jenseitigen (4) zusammentraf. Sein eigenes Bedürfniss nach der Anstrengung (cf. Luc. 6, 19 καὶ πᾶς ὁ ὄχλος ἐζήτουν ἅπτεσθαι αὐτοῦ ὅτι δύναμις παρ' αὐτοῦ ἐξήρχετο καὶ ἰᾶτο πάντας) des Tages und wohl die Vorsicht auch, nicht von der Volksbewegung (cf. Joh. 6, 15) der Laufbahn, die ihm vorgeschrieben war (5), entfremdet zu werden, liess ihn den Umweg auf des Berges Höhe, wo er allein sich bergen konnte, und dann, da er den Sturm von oben her rascher ersehen konnte, ehe er völlig ausgeruht, den Lauf zur Küste nehmen, wo er die Seinen schon vom Wind verschlagen nahe am Ufer fand (cf. Joh. 6, 21) und mächtig ihnen beispringend (cf. Matth. 14, 28—32 mit Luc. 5, 8. Joh. 21, 7), dem Steuer vielleicht selbst die Wendung gab, dass es dem Ufer (6) zutrieb, wohin er gerieth (cf. τὴν γῆν εἰς ἣν ὑπήντησεν Joh. 6, 21) (7). Denn kaum ist anzunehmen, dass das Gergesenerland (8), das die Reste der alten, früh zurückgedrängten (9) Girgasiter (cf. 1. Mos. 15, 21 pll.) in sich schloss und einen besondern Bezirk im Ueberlande (10) (des Kison?) bildete, mit seinem festen Bollwerke (11) der πόλις καὶ ἀγροί (Marc. 5, 14) von Gazara (cf. 1. Makk. 13, 43), das eigentliche, letzte Ziel des Weges war, den Jesus zu verfolgen jetzt gedachte. Diess war auch nach Matth 10, 5 (εἰς ὁδὸν cf. ὁδὸν θαλάσσης 4, 15) cf. v. 6 (πορεύεσθε δὲ μᾶλλον πρὸς τὰ πρόβατα τὰ ἀπολωλότα οἴκου Ἰσραήλ) das Erbe und der Anspruch auf die Wiederbringung des Verlorenen von Israel, der Heerdenstücke, die ver- und zerschlagen (ἐσκυλμένοι καὶ ἐρριμμένοι ὡσεὶ πρόβατα μὴ ἔχοντα ποιμένα cf. Matth. 9, 36 mit Sacharja 11, 4) im Stand der Hörigen und Knechte (נְתִינִים)

= aere alieno obnexi Jes. 51, 14 (12) des Nachbarvolkes (cf. Gen. 49, 15 mit Marc. 7, 26. 24. 31. u. Richt. 1, 31) jene $μέρη$ (Matth. 15, 21 im Schweizerdeutsch auch »Kuhtheile« genannt, d. h. so viel Land, als eine Kuh ernähren kann das Jahr hindurch) beweideten auf den entlegnern Triften des Drusenlandes heutzutage. Die $κώμαις, πόλεις, ἀγροὶ, ἀγοραί$ (13) desselben Gebiets (Marc. 6, 55. 56) hatten des Herren Macht und Segenswirkung schon an dem Berge (s. ob. Luc. 6, 19) wohl erfahren und erprobt, daher als sie den fremden Gast erkannten (Marc. 6, 54 $εὐθὺς ἐπιγνόντες αὐτὸν$) der grosse Zulauf jener $χώρα$ (v. 55) und der Neuerfolg auch bei der leisesten (cf. Marc. 5, 28) Berührung des $κράσπεδος$ (14) des $ἐπιστάτα$ selbst (cf. v. 56 $ὅσοι ἥψαν αὐτοῦ ἐσώζοντο$)! In fremdes Land weist auch der fremde (s. immerhin für die Verwandtschaft der phönik. und kanaan. Sprache die Zusammenstellung der Ergebnisse der bisherigen Inschriftenfunde in dem neuesten Werke von Dr. Paul Schröder »die phönik. Sprache.« Halle, Waisenhaus, 1869) Laut (15) (cf. Marc. 5, 41 $Ταλιθὰ κοῦμι$ cf. Marc. 7, 34 $ἐφφαθά$) und mehr noch jene Rede (Marc. 7, 1—16) cf. v. 4: $καὶ ἀπὸ ἀγορᾶς ἐὰν μὴ ῥαντίσωντε οὐκ ἐσθίωσι$ und der Stapelplatz (16) der $ποτήρια καὶ ξεστὰ καὶ χάλκια καὶ κλίβανα$ der Becher, Krüge, Erzgeschirre, (Weih) Kessel ($τρίποδα$?) im Hafen von Akko vielleicht, dessen Sar (17) (cf. $εἰς τῶν ἀρχισυναγωγῶν$ mit Matth. 9, 18 $ἄρχων$) Stadtherr und Marktaufseher ohne Zweifel, ihn zu sich beschied, Eliasthat (cf. 2. Kön. 4, 20—37) in seinem Hause auszuüben. Wenn Jesus (nach Marc. 7, 1 $καὶ συνάγονται πρὸς αὐτὸν οἱ Φαρισαῖοι καὶ τινὲς τῶν γραμματέων ἐλθόντες ἀπὸ Ἱεροσολύμων$) dort selbst seine alten Verfolger von Jerusalem sich um ihn sammeln sah (cf. Joh. 10, 24) so sind sie ohne Zweifel als Festgesandte (18) mit dahin gekommen, da ja den tyr Melkart noch in der Makkabäerzeit (19) Jerusalem beschickte. Die grosse Arbeit der Einbringung so weit entlegner (20) Gottessaaten (cf. Matth. 9, 37. 38) führte wohl damals zu der Bestellung von weitern Boten Gottes (21) noch, die vor ihm her zu Zweien hoch (Luc. 10, 1) um der Gefahr, die in der Gegend drohte (22) (cf Matth. 10, 11. Luc 10, 4. Marc. 10, 8; letzterer Text scheint die genuinsten (23) Worte Christi zu liefern) leichter zu entgehn, jedes Gehöfte selbst besuchen sollten, um die Zeit der baldigen Erlösung (24) (Luc. 4, 19) und Volkessammlung (25) anzukünden. Mit reichen Erstlingsfrüchten der Gottessaat belohnt, zogen die Ausgesandten froh zurück (cf. Luc. 10, 17) an jenen Sammelplatz (26), den Jesus vorausbestimmt. Wo haben diesen wir zunächst zu suchen?

VII. Die Herbstversammlung und die nahen Stürme.

Marc. 8, 1 ($\dot{\varepsilon}\nu$ $\dot{\varepsilon}\varkappa\varepsilon\dot{\iota}\nu\alpha\iota\varsigma$ $\tau\alpha\tilde{\iota}\varsigma$ $\dot{\eta}\mu\dot{\varepsilon}\rho\alpha\iota\varsigma$ $\pi\dot{\alpha}\lambda\iota\nu$ $\pi o\lambda\lambda o\tilde{v}$ $\ddot{o}\chi\lambda o v$ $\ddot{o}\nu\tau o \varsigma$) lehrt uns, dass eine zweite grössere Besammlung vielen Volkes (cf. Abschn. V.) während 3 Tagen wenigstens (s, v. 2) in Jesu Nähe um die Tage weilte, da er auch ohne Zweifel jene Reden (Luc. 12, 1 ff.) hielt, die einem zweiten grösseren Zusammenhange angehören möchten. Wir nehmen weiter an, dass Marc. 9, 14 f. die Worte ($\varkappa\alpha\dot{\iota}$ $\dot{\varepsilon}\lambda\vartheta\acute{o}\nu\tau\varepsilon\varsigma$ $\pi\rho\grave{o}\varsigma$ $\tau o\grave{v}\varsigma$ $\mu\alpha\vartheta\eta\tau\dot{\alpha}\varsigma$ $\varepsilon\tilde{\iota}\delta\alpha\nu$ $\ddot{o}\chi\lambda o\nu$ $\pi o\lambda\grave{v}\nu$ $\pi\varepsilon\rho\grave{\iota}$ $\alpha\dot{v}\tau o\grave{v}\varsigma$ $\varkappa\alpha\grave{\iota}$ $\gamma\rho\alpha\mu\mu\alpha\tau\varepsilon\tilde{\iota}\varsigma$ $\sigma v\nu\zeta\eta\tau o\tilde{v}\nu\tau\alpha\varsigma$ $\pi\rho\grave{o}\varsigma$ $\dot{\varepsilon}\alpha v\tau o\grave{v}\varsigma$ $\varkappa\alpha\grave{\iota}$ $\varepsilon\dot{v}\vartheta\grave{v}\varsigma$ $\pi\tilde{\alpha}\varsigma$ $\acute{o}$ $\ddot{o}\chi\lambda o\varsigma$ $\dot{\iota}\delta\acute{o}\nu\tau\varepsilon\varsigma$ $\alpha\dot{v}\tau\grave{o}\nu$ $\dot{\varepsilon}\xi\varepsilon\vartheta\alpha\mu\beta\acute{\eta}\vartheta\eta\sigma\alpha\nu$ $\varkappa\alpha\grave{\iota}$ $\pi\rho o\varsigma\tau\rho\acute{\varepsilon}\chi o\nu\tau\varepsilon\varsigma$ $\dot{\eta}\sigma\pi\dot{\alpha}\zeta o\nu\tau o$ $\alpha\dot{v}\tau\acute{o}\nu$) sich auf die Rückkehr der besondern Schaar der Ausgesandten in das Ferngebiet zu Jesu frühern Jüngern und der Volksmasse (cf. Marc. 4, 13 ff.) die ehrfurchtsvoll ihn bald begrüsste, leicht beziehen möchten, so dass am ersten Tage nach der Umkehr der Repräsentanten der Völkerwelt (1) gleichsam (Luc. 10, 1 mit Num. 11, 16) Christus gleich Moses (Exod. 24, 9) jene 70 auf die Bergeskuppe, der 2ten Festversammlung hinbeschied (cf. Luc. 9, 37 $\dot{\varepsilon}\gamma\dot{\varepsilon}\nu\varepsilon\tau o$ $\delta\dot{\varepsilon}$ $\tau\tilde{\eta}$ $\dot{\varepsilon}\xi\tilde{\eta}\varsigma$ $\dot{\eta}\mu\dot{\varepsilon}\rho\alpha$ $\varkappa\alpha\tau\varepsilon\lambda\vartheta\acute{o}\nu\tau\omega\nu$ $\alpha\dot{v}\tau\tilde{\omega}\nu$ $\dot{\alpha}\pi\grave{o}$ $\tau o\tilde{v}$ $\ddot{o}\rho o v\varsigma$ $\sigma v\nu\acute{\eta}\nu\tau\eta\sigma\varepsilon\nu$ $\alpha\dot{v}\tau\tilde{\omega}$ $\ddot{o}\chi\lambda o\varsigma$ $\pi o\lambda\acute{v}\varsigma$) am zweiten zu der Masse auf dem weitern Plateau (cf. Luc 6, 17 Joh. 6, 10) herniederstieg, dort auch die Schriftgelehrten (Marc. 9, 14) im Hader unter einander fand, — was anzufangen sei die Reichspredigt am besten zu verhindern? (cf. Luc. 11, 33 mit 14, 1) und dann am dritten (Marc. 8, 2) sich jener Tausende (2) (cf. Marc. 8, 9 $\tilde{\eta}\sigma\alpha\nu$ $\delta\dot{\varepsilon}$ $\tau\dot{\varepsilon}\tau\rho\alpha\varkappa\iota\varsigma$ $\chi\acute{\iota}\lambda\iota o\iota$ $\varkappa\alpha\grave{\iota}$ $\dot{\alpha}\pi\acute{\varepsilon}\lambda v\sigma\varepsilon\nu$ $\alpha\dot{v}\tau o\grave{v}\varsigma$

mit Joh. 6, 10 ἀνέπεσαν οὖν οἱ ἄνδρες τὸν ἀριθμὸν ὡσεὶ τρισχίλιοι), die theilweise weit (3) hergekommen waren (cf. Marc. 8, 3 καί τινες αὐτῶν ἀπὸ μακρόθεν ἦκαν) zu lieb des eigenen Vorraths (cf. v. 5 u. 7), so schwach er war (3) (cf. 1. Sam. 21, 3 mit Joh. 6, 13. Marc. 6, 38) entschlug, um sie zu segnen beim Gemeinschaftsmahl (s. ob. Abschn. V. p. 14 cf. auch Luc. 10, 15 καὶ κατέκλιναν πάντες mit Marc. 6, 39. καὶ ἐπέταξεν αὐτοῖς ἀνακλιθῆναι πάντας συμπόσια συμπόσια ἐπὶ τῷ χλωρῷ χόρτῳ) des neuen Völkerbundes (4) (cf. Marc. 8, 7 καὶ εὐλογήσας αὐτὰ παρέθηκεν)! Noch grössere Massen, als das Frühlingsfest des Hercules von Tyrus nämlich zog wohl die Herbstversammlung der Thamuzfeiern (5) (Ἀδώνια) (6) Syriens und Phönikiens, die Klage Hadad Rimmons (7) auch im h. Lande an, wenn Demeter, die Mutter Erde um ihre Κόρη und des Adonis hingeschwundene Jugendblüthe trauerte, die Frauen ihren Umzug hielten mit den Symbolen der Vergänglichkeit (7), der schneidend scharfe γίγγρας Ton (8) erscholl (cf. auch die Nachahmung der Linusklage, wohl von jungen Mädchen Matth. 11, 17) und zuletzt die Scherben der Adoniskepen (9) in wasserreichen (10) Gründen sich anhäuften. Es ist zwar jeder Anklang fast an dieses Fest aus unseren Berichten jetzt verschwunden; nur eines Weibes Stimme wenigstens schallt Luc. 11, 27 uns entgegen noch, die statt der allbekannten (11) υἱὲ τοκυῖε des Festreigens die Mutter preist, die diesen Sohn (cf. Luc. 9, 36) getragen und gross gezogen an der eigenen Brust! Dennoch ist kaum ein Zweifel, dass jene Zeit (cf. Luc. 13, 1 ἐν αὐτῷ τῷ καιρῷ mit v. 31. ἐν αὐτῇ τῇ ὥρᾳ (12), wo auch der Tisch sich reichlich (13) deckte (cf. Luc. 11, 37 ἐν δὲ τῷ λαλῆσαι ἐρωτᾷ αὐτὸν Φαρισαῖός τις ὅπως ἀριστήσῃ παρ' αὐτῷ) mit Früchten aller Art, wo Ueberfluss zur Theilung des Besitzes einlud (cf. Luc. 12, 13 mit v. 16), wo selbst der Rabe (cf. 12, 24) (14) und der Sperling (Matth. 10, 29 ff. cf. 6, 26) seine Nachlese ruhig hielt, die letzten Blätter der Anemone (15) sich vergilbten, der wilden Rebe Schosse in die πρασιαί jener λειμῶνες (16) in den Wassergründen fruchtlos niedersanken (cf. Matth. 7, 16), wie in den Fornax der Pandora (cf. den κλίβανος Zach. 5, 6—11 mit Luc. 12, 28), der Lilie Purpurroth und Weiss (Matth. 6, 28. 29) nur noch das Kleid des *Aïdώνευς* zierte und man nach Luc. 12, 55 rief: $\tilde{ω}$ *καύσων* (17) *ἔρχε-* des Herbstes *ὥρα* war, wo auch den Helikon der Griechen jene Kamönen festlich einst umkreisten (18), die gleich der Tochter Jephthas (19) hoch den Reigen führten (cf. Richt. 11, 37. 38 mit 5, 40) den stets auf Berges-Waldes Höhn und Wiesen die ersten Töchter je des Landes zierten. Die Oertlichkeit, wo Jesus diesen traf, war nach Matth. 15, 29—38 den *ὅρια Μαγαδάν* (d. h. Megiddos wohl) nicht fern gelegen und wenn uns Marc. 8, 10 bestimmter noch berichtet *ἦλθεν ὁ Ἰησοῦς εἰς τὰ μέρη* (s. oben p. 7, Abschnitt VI.) *Δαλμανοῦθα*, so suche ich diese Alpentriften in der Nähe von Hadad-Rimmon (20), Thaanachs auch, der Königsstadt (21) und dächte, dass der seltne (22) Name etwa den Tel (Hügel) der Mutter Nuth (= Neith (23) bezeichnete, der die Saronia des Lands trug! Noch manches andere Wort zu jener Zeit (24) (cf. auch das Begehr des Zeichens vom Himmel (cf. Jes. 7, 11) tonitru cum fulgure? cf. Joh. 12, 29 von Seiten der heuchlerischen halb Spottenden cf. Matth. 16, 1. Luc. 11, 16. 29. Marc. 8, 11. 12) versetzen wir am besten in den Beginn der ersten Winterstürme, da Jesus schon im Hinblick auf den eignen Hingang (25) — das Jahr des Heiles (Luc. 4, 19) war vorüber fast — vom künftigen Weltgerichte, der Rechenschaft vom anvertrauten Gut (cf. Luc. 16, 6. 7 mit 19, 15 ff.) in ernsten Tönen (cf. Luc. 12, 35—49) sprach, die den Posaunen (Matth. 18, 23) der Ewigkeit der Pharisäer riefen (Matth. 6, 2 cf. Marc. 8, 11 *καὶ ἤρξατο* (sc. *τις*) *συζητεῖν αὐτῷ*), deren Gut-Werk zum Schein und zur Abwendung des Gerichts, er treffend auch dem Sauerteige des Antipas (v. 15) des Reichsverwüsters (Luc. 13, 32) zur Seite stellte, denn in Wahrheit wollten beide doch im Grunde nur die Welt mit Ihres Reiches Alldurchdringung (26) (cf Marc. 6, 16 des Herodes Drohwort: *ἓν ἐγὼ ἀπεκεφάλισα οὗτος Ἰωάννης ἠγέρθη* gegen Jesus) eingewinnen und dieses Reichs Ansprüche mussten jetzt für immer fallen, wie dürres Laub in ersten Herbstes Frösten. Der Sturm des Geistes und vom Herren (Joel 2, 2 ff. 10 ff. 30 ff.) sollte die Tenne (Matth. 3, 12) bald ausfegen (27), dann wird auch das Verborgenste der Herzen (cf. Luc. 12, 2. 3. mit Matth. 10, 26, Marc. 4, 22) ans helle Licht des Weltgerichtes treten; der kurzen Erdennacht für Christus selbst (cf. Joh. 12, 24) das φῶς θαυμάσιον des Himmels (28) folgen. —

VII. Der neue Reichsangriff und sein Verfolg.

Die Zeit war ernst, an sich schon zu betrachten, und ernster war die Lage noch für Jesus! denn einmal musste doch das Reich zu Tage treten und sich ganz vollenden. Jerusalem war das bestimmte (1) Ziel (cf. Luc. 13, 33), wo die Propheten fielen jeder Zeit! Hier musste er in voller Heiligmacht sich selbst zeigen, um auch bei zweitem Nichterfolge ein Zeichen des Aufgangs für die Völkerwelt (2) zu werden (cf. Luc. 1, 78. 2, 32)! Wir nehmen daher an (cf. Luc. 13. 34, Matth. 23, 37), dass Jesu Sinn schon damals nach Jerusalem hinaufstand und zwar, wie Luc. 9, 51 plastisch sich ausdrückt (ἐγένετο δὲ ἐν τῷ συμπληροῖσθαι τὰς ἡμέρας τῆς ἀναλήμψεως καὶ αὐτὸς τὸ πρόσωπον αὐτοῦ ἐστήριξε τοῦ πορεύεσθαι εἰς Ἱερουσαλήμ) steifen Angesichts (cf. Gen. 28, 12), - er setzte dran (cf. שׂים Ezech. 15, 7 cf. 14, 7 mit 4, 8. Jerem. 21, 10) mit unveränderlicher Beharrlichkeit, - obwohl ihm offenbar nicht bloss als er zu jenem Gabler (3) (cf. Luc. 17, 11 καὶ αὐτὸς διήρχετο διὰ μέσον Σαμαρείας καὶ Γαλιλαίας mit Josua 17, 11 Richt. 1, 27) kam und seine Vorboten in eine Stadt (cf. Luc. 9, 52 καὶ πορευθέντες εἰσῆλθον εἰς πόλιν Σαμαρειτῶν ὡς ἑτοιμάσαι αὐτῷ) der Samariter (Ginaea, Engannim?) eintraten, wo sie ihn nicht aufnahmen, (nach v. 53) weil sein Angesicht (hebr. Wendung für den Sinn des Menschen überhaupt) zog nach Jerusalem, sondern schon früher noch am Berge (s. ob. Abschn. VII. u. vgl. Luc. 9, 18 ff. καὶ ἐγένετο ἐν τῷ εἶναι αὐτὸν προσευχόμενον καταμόνας συνῆσαν αὐτῷ οἱ μαθηταὶ καὶ ἐπηρώτησεν αὐτοὺς ὁ Ἰησοῦς · τίνα με οἱ ὄχλοι λέγουσιν εἶναι mit Luc. 13, 1 παρῆσαν δέ τινες ἐν αὐτῷ τῷ καιρῷ ἀπαγγέλλοντες αὐτῷ περὶ τῶν Γαλιλαίων ὧν τὸ αἷμα Πιλάτος ἔμιξε μετὰ τῶν θυσιῶν αὐτῶν u. Luc. 13, 31 ἐν αὐτῇ τῇ ὥρᾳ (4) προσῆλθόν τινες Φαρισαῖοι λέγοντες αὐτῷ · ἐξελθε καὶ πορείου ἐντεῖθεν · ὅτι Ἡρώδης θέλει σε ἀποκτεῖναι) der Abmahnungen viele ihm entgegentraten. Als er allein noch im Gebete dort weilte (cf. a. Luc. 11, 1 die Bitte der Zagenden: κύριε διδάξον ἡμᾶς προσεύχεσθαι καθὼς — das Subj. fehlt, Ἡλίας zu ergänzen? — dann wäre in jener Perikope an den Ort der Frühlingsfestversammlung wohl zu denken! — ἐδίδαξεν τοὺς μαθητὰς αὐτοῦ) dort weilte, sich zu dem neuen Reichszuge zu stärken, der Pilger, der am längsten noch verblieb, und seine Jünger ängstlich ihn besorgt umgaben, weil Grosses er im Schild zu führen schien, besagte er mit jener (5) Frage (Luc. 9, 18) wohl: »Wer meinen denn die Leute eigentlich, dass ich wohl sei? Bin ich ein Seelenschwacher und ein Feiger vor jedes Laubes Rascheln (6) mich zu fürchten. Sollt' ich des Weges (cf. Luc. 9, 57 καὶ πορευομένων αὐτῶν ἐν τῇ ὁδῷ) der mir vorgezeichnet (cf. Luc. 13, 33), nicht furchtlos ziehn, da auch von meinem Haupte kein Haar doch fallen wird (cf. Luc. 21, 18 mit Matth. 5, 36. 10, 30. auch v. 39 ὁ ἀπολέσας τὴν ψυχὴν αὐτοῦ ἕνεκεν ἐμοῦ εὐρήσει αὐτήν mit Jes. 53, 11. 12) ohne den Willen dessen, der sie zählte, wie die Tage (Luc. 9, 51) (7)«! — Denn Viele riethen damals ab des Wegs (der via strata Romanorum cf. auch Marc. 10, 17, unten Abschn. IX.) und warnten vor Betreten des kaiserlichen Landes speziell (cf. Marc. 8, 27 καὶ ἐξῆλθεν ὁ Ἰησοῦς καὶ οἱ μαθηταὶ αὐτοῦ εἰς τὰς κώμας Καισαρείας mit Matth. 16, 13 ἐλθὼν δὲ ὁ Ἰησοῦς εἰς τὰ μέρη Καισαρείας) mit Hinweisung auf des Pilatus Tücke (8) und Rücksichtslosigkeit (9) in heilgen Dingen (cf. Luc. 13, 1) und Andere und diess zwar Pharisäer (cf. Luc. 13, 31), die scheinen ängstlich gar besorgt zu sein, dass Jesus in des Schakals (10) Grube falle, wenn er dem Rathe jener folgend nicht fürbas ziehe, wie er sich erst vorgesetzt (cf. Luc. 13, 32) (11). Dabei war wohl der Grundgedanke der: Mit geheimer Schadenfreude sahen sie dem (33) Punkt (cf. Luc 20, 20) des Wegs entgegen — vielleicht bei Kannir, wo die Küstenstrasse über Lydda und jene über Engannim sich abzweigt — wo jene Laurer (ἐγκάθετοι = אֹרְבִים) die Strasse sperrend, mit dem Auftrag ihn möglichst zu verfangen (ἵνα ἐπιλάβωνται αὐτοῦ λόγου ὥστε παραδοῦναι αὐτὸν τῇ ἀρχῇ καὶ τῇ ἐξουσίᾳ τοῦ ἡγεμόνος) ihn der Gewalt des Landpflegers überliefern möchten, dass er in sicheren Gewahrsam im Horst des Adlers auf dem Wege kam. Die μέρη Καισαρείας (Matth. 16, 13 pll.) sind aber sicher dann die Alpentriften von jenem קֵסַרְיוֹן, das, so schlechthin, als Kaiserstadt, im Urbericht erscheinen mochte; der Zusatz τῆς Φιλίππου (cf. Marc. 6, 17 pll.) (12) scheint ein solcher der Diasceuase und möchte mit der ganzen Anschauung der beiden ersten (13) parallelen Evangelien, dass Jesus wesentlich sich in dem Umkreis Galiläas nur bewegte, zusammenhangen; unwahrscheinlich aber ist die Annahme, dass ohne alle Mittelglieder (14) Christus auf jenem Wege (Luc. 9, 57 ff.) so plötzlich in dem Caesarea des Philippus, der Πανειάς (15) dem alten Lechem, Laisch (16), am obern Jordan, eingetroffen und weiter sonst uns Nichts von dort berichtet wäre, als jene vielbewegte Frage (17) (Marc. 8, 27 ff.); dagegen, wenn es sich um jenen kühnen Zug (18) ins Herz des Landes damals handelte, so ist begreiflich, wie ein Petrus selber (cf. v. 32) ihn beschelten, dafür sich freilich dann auch Gegenrede des höchsten Unwillens (v. 33), als wie den Widersacher selbst des Reichs beschlagend zuziehn musste; wie Jesus die, die Alles nicht dran geben können, abmahnt (cf. Luc. 9, 57. 58) des Weges ihm zu folgen, von Andern (cf. v. 59—62) volle Rücksichtslosigkeit verlangt, wenn sie des Reiches Sache dienen wollen (cf. Luc. 14, 33) und überhaupt sprach er gewiss zu jener Zeit (cf. Marc. 8, 31) auch von der Last (19) (Matth. 11, 30), im Allgemeinen (20) wenigstens, die bald (21) der Obern (22) Unverstand dem Knechte Gottes (Jes. 53, 3. 4) auferlegen werde und die sein Jünger mit ihm tragen müsse (cf. Marc. 8, 34 pll. Luc. 9, 23 ff.)! Das Gleichniss (23) auch vom ungerechten Richter (Luc. 18, 2 ff. ἔν τινι πόλει) scheint für den nahen Praetorsitz am passendsten (24) und endlich ist für Beiziehung von Luc. 20, 20 ff. in diesen (25) Zusammenhang uns massgebend, dass Münzen mit dem Kaiserbilde (Luc. 20, 24 pll.) zwar in dem Weichbilde des römischen Gebiets an sich gar schnell zur Hand sein konnten (cf. den Zusatz des Sin. v. 24 οἱ δὲ ἔδειξαν αἰτῷ καὶ εἶπαν κ. τ. λ.) dagegen zu Jerusalem in Wahrheit nicht (26) und des Philippus Kaisermünzen waren doch wenigstens nicht überall im eigenen Gebiet currente Münze! Im Weiteren begründen wir des Zuges Richtung auch durch den (IX) nächsten Rückzug, wie es scheint, des Herrn.

IX. Der Rückzug dieses Weges.

Lucas 14, 25 ff. gibt im Zusammenhang mit ähnlicher (1) Forderung der höchsten Selbstverläugnung (cf. v. 26 u. 27) die Jesus den Massen selbst (cf. v. 25 συνεπορεύοντο δὲ αἰτῷ ὄχλοι πολλοί) entgegen hält, die mit ihm zum Herbstfest Israels (2) hinaufzogen, von denen jeder, im vollen Sinn des Worts, des Kreuzes selbst als στασιαστής gewärtig sein musste (cf. Marc. 15, 7 mit Joh. 19, 18) die weitere Rede, dass Keiner etwas unternehmen solle, er habe denn das volle Rüstzeug schon (v. 28 τὰ εἰς ἀπαρτισμόν) auf ernsten Kampf (cf. v. 31 —32) mit Doppelüberlegenheit (cf. v. 31 οὐχὶ καθίσας πρῶτον βουλεύσεται εἰ δυνατός ἐστιν ἐν δέκα χιλιάσιν ὑπαντῆσαι τῷ μετὰ εἴκοσιν χιλιάδων ἐρχομένῳ ἐπ᾽ αὐτόν) wird offen hingewiesen, wie auch Marc. 3, 6 uns ja bereits οἱ Φαρισαῖοι (cf. Luc. 20, 20 die ἀποκρινομένους ἑαυτοὺς δικαίους εἶναι) im συμβούλιον μετὰ τῶν Ἡρωδιανῶν (der Römerfraktion (3) des Volkes Gottes) d. h. die alten Reichsansprüche mit den neuen geeint, das Reich der vollen Heiligkeit zu unterdrücken, vorführt, und wenn der Römer selbst Parthei nun nahm, wenn Söldner dieses (cf. Luc. 17, 10; 10, 33) als Wachtposten im Hintergrunde jener Lauer (Luc. 20, 21) vielleicht sichtbar waren, sollte dann Jesus bei der Unverlässlichkeit der Seinen noch, bei ihrem mangelhaften Vollbegriff des Reichs, es weiter wagen, obgleich der Grund (Luc. 14, 29) dazu gelegt war, den Spott der stärkern Gegner zu befordern (cf. Ps. 22, 8. Matth. 27, 39) und auf jenem Thurme (v. 28) das Panier (Jes. 62, 10; 5, 26; 11, 12) der Völkersammlung (4) aufzurichten und zu vollenden trachten, die letzte Wiederbringung der Zerstreuung (5) (cf.

Gen. 11, 9)?! Diess wäre jetzt Vermessenheit gewesen, denn Gott geht seine Wege (Jes. 55, 8) nur im Frieden und mit Heil (cf. v. 12), daher das gute, schon bereite Opfersalz (cf. Marc. 9, 49. 50; (im Sin. fehlt freilich v. 49 καὶ πᾶσα θυσία ἁλὶ ἁλισθήσεται, doch bleibt der Sinn der Läuterung durchs Feuer der Bewährung in den Worten πᾶς γὰρ ἐν πυρὶ ἁλισθήσεται derselbe, (cf. Luc. 12, 49 mit Luc. 14, 34 καλὸν οὖν τὸ ἅλα Sinn: freilich das Salz hat immer gute Wirkung, ἐὰν δὲ τὸ ἅλα μωρανθῇ ἐν τίνι ἀρτυθήσεται wenn aber das Salz abgestanden (cf. schon Joh. 6, 66) (6), womit soll denn das Opfer zubereitet werden!) auf spätere Zeit noch aufgespart soll werden! Den Massen, die der Mahnung (Luc. 14, 26. 27) noch bedürfen, konnte der Herr das grosse (7) Bundesopfer nicht anvertrauen, und auch von ihnen nicht verhoffen; im engern Kreise (cf. Marc. 8, 32) fand er ja Bescheltung gar; sollte nicht er da seinen Frieden machen (cf. v. 32. ἔτι αὐτοῦ πόῤῥω ὄντος πρεσβείαν ἀποστίλας cf. Luc. 9, 52. 54. ἐρωτᾷ πρὸς εἰρήνην), wo sich die Zeichen nicht zum Siege wandten?! — Nicht, dass Jesus sein Werk der Völkermittlung (8) mit jener Wendung (cf. Marc. 9, 30 καὶ ἐκεῖθεν ἐξελθόντες παρεπορεύοντο διὰ τῆς Γαλιλαίας καὶ οὐκ ἤθελεν ἵνα τις γνοῖ) damit aufgegeben, allein auch Joh. 7, 1 (καὶ περιεπάτει ὁ Ἰησοῦς μετὰ ταῦτα ἐν τῇ Γαλιλαίᾳ οἱ γὰρ ἤθελεν ἐν τῇ Ἰουδαίᾳ περιπατεῖν ὅτι ἐζήτουν αὐτὸν οἱ Ἰουδαῖοι ἀποκτεῖναι) lehrt uns, wiewohl die harte (9) Rede Christi (cf. Joh. 6, 60 mit Luc. 14, 26. 27) in anderem Zusammenhang dort auftritt (cf. a. v. 63—71) (10) mit Marc. 8, 29), dass der unerschrockene Wanderer schon nahe dem judaeischen Gebiet (cf. Luc. 9, 56 καὶ ἐπορεύθησαν εἰς ἑτέραν κώμην) den ersten Plan Laubhütten (11) (Joh. 7, 2) (cf. 8, 1 ff.) (12) ohne Zweifel in Jerusalem jetzt zu begehen, in Folge der gehemmten Strasse (12) wieder aufgab und sich auf Umwegen (13) zunächst in Galiläa hin und herbewegte, (cf. Matth. 17, 22 συστρεφομένων δὲ αὐτῶν ἐν τῇ Γαλιλαίᾳ) wo wir dann in der Perikope (14) Marc. 8, 22 (καὶ ἔρχεται εἰς Βηθσαϊδάν) u. Marc. 9, 33 (καὶ ἦλθεν εἰς Καφαρναούμ) cf. 10, 1. ihn wiederfinden. Wir ziehen endlich die Worte Luc. 17, 20 ff. hier noch bei, die fast wie Hohn uns klingen (cf.

v. 20 *ἐπερωτηθεὶς δὲ ὑπὸ τῶν Φαρισαίων πότε ἔρχεται ἡ βασιλεία τοῦ θεοῦ*) auf die Sperre der Reichserweiterung, die jenen Listigen geglückt schon schien, und wenn wir Luc. 17, 5 (cf. v. 1 *ἀνένδεκτόν ἐστι τοῖ μὴ τὰ σκάνδαλα ἐλθεῖν πλὴν δι' οὗ ἔρχεται* mit Joh. 6, 71 *ἔλεγεν δὲ Ἰούδαν Σίμωνος ἀπὸ Καρυώτου* (15) *αὐτὸς γὰρ — καὶ ἔμελλον αὐτὸν παραδιδόναι — εἷς ὢν ἐκ τῶν δώδεκα*) die angelegentliche Bitte lesen an den Herrn: *πρόςθες ἡμῖν πίστιν*, so liegt darin wohl wie uns scheint der Nachklang der halben Beschämung und des Kleinmuths auch, der ganz begreiflich seine Jünger bei jenem Rückzug, jenem Spotte auch beschlich, doch in v. 6 wird ihnen von Jesus von ferne gleichsam schon das Völkereiland (16) (Zach. 4, 7) das aus den Fluthen jenes grossen Sturzes (cf. Dan. 2, 34. 35) sich neu erhebt, in sichere Aussicht gestellt, nur soll der Knecht (Luc. 17, 7 ff.) nicht fragen, wie lange den Dienst der Herr von ihm befordert ohne Dank (cf. v. 9. *μὴ ἔχει χάριν ὅτι ἐποίησεν τὰ διαταχθέντα ὑμῖν*) thut er, was volle Treue von ihm fordert! So klingt die Stimmung jener Tage in manchem (17) Zuge unserer Evangelien noch an und in möglichster Verborgenheit (18) (cf. auch Joh. 7, 10 *οὐ φανερῶς ἀλλ' ἐν κρυπτῷ* mit Marc. 9, 30, Joh. 7, 1) wandelt von da an Jesus fort herum; wir lesen nur von jenen alten Stätten der Erstansprüche an Betheiligung des Reichs (Matth. 11, 20 ff. Luc. 10, 13 ff.), die er jetzt halb vermeidet (Marc. 8, 23 u. 26 *ἐξήνεγκεν αὐτὸν ἔξω τῆς κώμης-μὴ εἰς τὴν κώμην εἰσέλθῃς*) wo wieder wenigstens die Seinen gleich Verdächtigung (19) (cf. Matth. 17, 24) empfängt, wir sehen ihn fast als gehetztes Wild (cf. Joh. 7, 3) (26) von Ort zu Orte (cf. Marc. 10, 1 *κἀκεῖθεν ἀναστὰς ἔρχεται εἰς τὰ ὅρια τῆς Ἰουδαίας καὶ τοῦ πέραν τοῦ Ἰορδάνου* (21) mit Joh. 10, 40 *καὶ ἀπῆλθεν πάλιν πέραν τοῦ Ἰορδάνου ὅπου ἦν Ἰωάννης πρότερον βαπτίζων*) ziehn, über den Jordan, in das Spezialgebiet (22) des ältern Jericho (cf. Joh. 11, 7 mit Josua 19, 34) so denken wir (23), weil selbst die kleinste Labung (cf. Matth. 10, 42) der kleinen Schaar (cf. Luc. 12, 32) der Eigenfolge oft verweigert wird, des Reisestabes mit der letzten Zehrung (24) (Luc. 12, 33) scheinen sie sich selbst bald entäussern zu sollen, der **Lagerplatz** vielleicht des Nachts verborgen bleiben (Marc. 9, 30) denn überall hat schon an jenen Orten (25) die giftigste Verläumdung (cf. Joh. 9 24 ἡμεῖς οἴδαμεν ὅτι οὗτος ὁ ἄνθρωπος ὁ (26) ἁμαρτωλὸς ἐστίν mit Matth. 11, 19. Luc. 7, 34 a. Joh. 7, 4) vorgewirkt und zuletzt durch eine besondre Tücke (cf. Joh. 11, 3. (27) 17 εὗρεν αὐτὸν τέσσαρες (28) mit v. 44 (29) noch der Judäer (cf. v. 36 mit Joh. 9, 40 ff. 10, 24) im Innersten erschüttert und erregt (cf. v. 33 u. 38) scheint Jesus überall umrungen und verfolgt für kürzre Zeit dem Schutze des Doppel-Ephron (30) (cf. Joh. 11, 54 εἰς Ἐφρὲμ λεγομένην πόλιν) sich noch anvertraut zu haben, bevor er seinen letzten Reichszug unternahm.

X. Die Vorbereitung zu der letzten Wendung.

Dass während dieser Zeit ein Hochentschluss in Christi Seele sich bewegte und aus, zur Reife, trug, ist sichtlich wahrzunehmen, wenn auch nur das Zeugniss von Marc. 9, 33 ff. mit 10, 35 ff. (cf. Matth. 18, 1 ff. mit Matth. 20, 20 Luc. 9, 46 εἰσῆλθεν δὲ διαλογισμὸς ἐν αὐτοῖς, τὸ τίς ἂν εἴη μείζων αὐτῶν) καὶ παραπορεύονται αὐτῷ Ἰάκωβος καὶ Ἰωάννης οἱ υἱοὶ Ζεβεδαίου λέγοντες αὐτῷ · διδάσκαλε θέλομεν ἵνα δῷς ἡμῖν εἷς ἐκ δεξιῶν σου καὶ εἷς ἐξ εὐωνύμων σου καθίσωμεν ἐν τῇ δόξῃ σου) dafür noch spräche. Die Hauptfrage τὸ τίς ἂν εἴη μείζων αὐτῶν sc. μέρος τῆς βασιλείας (cf. Luc. 9, 46 מִי כָבוֹד מִמֶּהֶם mit Matth. 18, 1) ist ein Streit über den Vorrang (1) der beiden Brüder Johannes und Jakobus (cf. Gal. 2, 9. 1, 19) nicht bloss vor den andern Jüngern (cf. Matth. 20, 21 λέγει αὐτῷ εἰπὲ ἵνα καθίσωσιν αὐτοὶ οἱ δύο υἱοί μου εἷς ἐκ δεξιῶν καὶ εἷς ἐξ εὐωνύμων σου ἐν τῇ βασιλείᾳ σου) sondern auch unter sich zu denken wohl (cf. Marc. 10, 41 καὶ ἀκούσαντες οἱ δέκα ἤρξαντο ἀγανακτεῖν καὶ περὶ Ἰακώβου καὶ Ἰωάννου cf. Luc. 9, 54 mit 8, 51 Πέτρον καὶ Ἰάκωβον καὶ Ἰωάννην mit Marc. 5, 37) indem der eine als der ältere (in der Kirche Jacobus major (2) genannt, cf. Marc. 15, 40. Μαρία ἡ Ἰακώβου τοῦ μικροῦ (31) Bruder des Johannes (Act. 12, 1)

(Halb) (4) bruder des Herrn (Gal. 1, 19) den Anspruch auf den Sitz zur Rechten in dem künftigen Reiche (Dan. 7, 13. 14) der andere als nächster Anverwandter auf den zur Linken von vorn herein zu haben schien, doch konnte auch Johannes, weil an Jesu Seite (cf. Eus. h. e. 3, 31) öfters (5) ruhend (cf. a. Luc. 22, 27) als ὁ ἄλλος μαθητὴς ὃν ἐφίλει (6) ὁ Ἰησοῦς, die Stellung zur Rechten beim Schutzgeleite auf dem Wege schon (cf. Marc. 10, 35 καὶ παραπορεύονται κ. τ. λ.) beanspruchen und da zu solchem defensorium (cf. Luc. 22, 38) der Stärkste je sich auch berufen fühlen mochte, so ist begreiflich, dass die andern Jünger, als sie aus jener Dringlichkeit der Salome (Matth. 20, 20) bald entnahmen, dass es sich um ein Hauses Vorrecht handle (cf. Marc. 9, 34), darüber anfingen (Matth. 20 24 lies ἤρξαντο ἀγανακτεῖν περὶ τῶν δύο ἀδελφῶν) vergrämt zu werden, so dass dann Jesus die heimliche Verstimmung (cf. Marc. 9, 34 οἱ δὲ ἐσιώπων) merkend, beim Eintritt in das Haus (cf. v. 33 mit Marc. 1, 29 u. 10, 28 pll.) Kapernaums, die allgemeine Forderung an seine Jünger stellte (cf. Marc. 9, 35 mit 10, 43. 44: ὃς ἐὰν θέλῃ μέγας γενέσθαι ἐν ὑμῖν ἔσται ὑμῶν διάκονος καὶ ὃς ἐὰν θέλῃ ἐν ὑμῖν εἶναι πρῶτος ἔσται πάντων δοῦλος, Matth. 20, 26 ὃς ἐὰν θέλῃ ἐν ὑμῖν μέγας γενέσθαι ἔστω ὑμῶν διάκονος) dass jeder je durch grössre Dienstleistung am Anderen und an dem Reich des Herrn, wie Christus sie in einzger Weise übte (cf. Marc. 10, 45 u. 9, 31. 32), das Anrecht auf die wahre Grösse erbe! das παιδίον (Marc. 9, 36 Matth. 18, 2. Luc. 9, 47) das Jesus dann umarmte (cf. 1. Petri 5, 13?), war es nicht Gegenbild des kleinen David (1. Sam. 16, 7) gleichsam, in dessen Hause auch die äussere Grösse nicht entschied, sondern die freie Gnade Gottes (Matth. 20, 23 cf. v. 15) in der Auswahl und Verwerfung (v. 24: mit Matth. 8, 12 οἱ δὲ υἱοὶ τῆς βασιλείας ἐξελεύσονται εἰς τὸ σκότος τὸ ἐξώτερον)! — (6) Wie hätte aber diese ganze grosse Frage zu jener Zeit (Matth. 20, 20 τότε) überhaupt nur auftauchen können in dem Jüngerkreis, wenn Jesus selber nicht mit Hochgeberden (cf. מרים ראש Ps. 110, 7 mit Marc. 9, 41 ὃς γὰρ ἂν ποτίσῃ ὑμᾶς ποτήριον ὕδατος ἐν ὀνόματί μου ὅτι ἐμοί ἐστε ἀμὴν λέγω ὑμῖν ὅτι οὐ μὴ ἀπολέσῃ τὸν μισθὸν αὐτοῦ) ob schweigend auch (cf. Marc. 9, 30 *καὶ οὐκ ἤθελεν ἵνα τις γνοῖ* mit Marc. 10, 32 *καὶ ἦν προάγων αὐτοὺς ὁ Ἰησοῦς καὶ ἐθαμβοῦντο οἱ δὲ ἀκολουθοῦντες ἐφοβοῦντο* mit 10, 24 u. 9, 32 *οἱ δὲ ἠγνόουν τὸ ῥῆμα* (7) *καὶ ἐφοβοῦντο αὐτὸν ἐπερωτῆσαι* cf. Luc. 9, 45) fürbas voran gezogen wäre, so dass die unerschütterliche (8) (cf. Luc. 19, 11 *ὅτι παραχρῆμα ἡ βασιλεία τοῦ θεοῦ μέλλει ἀναφαίνεσθαι*) Reichserwartung, wie jene sie in ihrem Busen hegten, zu voller Gluth gerade bei der äusseren Verfolgung (cf. Matth. 10, 40 ff. 31, 23: *ὅταν δὲ διώκωσιν ὑμᾶς ἐν τῇ πόλει ταύτῃ φεύγετε εἰς τὴν ἑτέραν* mit Luc. 9, 56 und Marc. 13, 13 pll.) neu emporschlug. Zudem nahm Christus offenbar jetzt Abschied auch (cf. Marc. 8, 22. 9, 33. Joh. 10, 40. 11, 7. cf. 12, 1) von jenen Stätten des Reichsaufgangs einst; diess liegt auch Marc. 10, 13 ff. (cf. *καὶ προσέφερον αὐτῷ παιδία ἵνα αὐτῶν ἅψηται*, mit Gen. 27, 12 und 4; 48, 10 ff. Deuter. 33, 1, *οἱ δὲ μαθηταὶ ἐπετίμησαν αὐτοῖς* mit v. 16. *καὶ ἐναγκαλισάμενος αὐτὰ κατευλόγει τιθεὶς τὰς χεῖρας ἐπ' αὐτά*) sichtlich uns zu Tage; der Zukunft lebte Jesu ganze Seele jetzt und weil ihm selber lange nicht zu wirken mehr vergönnt war, so wehrt er auch dem Andern (cf. Marc. 9, 38 ff.) der in Seinem Namen den Exorcismus (cf. Act. 13, 10; 19, 13 ff.) trieb, wenn er auch nicht den Seinen folgte (Marc. 9, 38. lies *ἠκολούθει* und *ἐκωλύσομεν* Luc. 9, 49) den Reichsberuf nicht mehr (cf. Num. 11, 29 mit v. 28), da Alle bald von Gott gelehrt sein werden (cf. Joh. 6, 45 mit Jer. 31, 33. Jes. 54, 13. Joel 3, 1 ff. Luc. 12, 49. 50. Matth. 3, 11. Marc. 10, 38 f.)! denn jenes erste Wort (Matth. 12, 30 *ὁ μὴ ὢν μετ' ἐμοῦ κατ' ἐμοῦ ἐστί καὶ ὁ μὴ συνάγων μετ' ἐμοῦ σκορπίζει με* cf. Luc. 11, 23. *ὁ μὴ ὢν μετ' ἐμοῦ κατ' ἐμοῦ ἐστί, καὶ ὁ μὴ συνάγων μετ' ἐμοῦ σκορπίζει* schlechthin) möchte sich offenbar auf jenen Dämon (ischen) beziehn (cf. Marc. 5, 2. 6. *καὶ ἰδὼν τὸν Ἰησοῦν ἀπὸ μακρόθεν ἔδραμε καὶ προσεκύνησεν αὐτῷ* mit Marc. 5, 18. 19) den Heros (10) jenes Landes (cf. Marc. 5, 10 *καὶ παρεκάλει αὐτὸν πολλά* – מאד – *ἵνα μὴ αὐτὸν ἀποστείλῃ ἔξω τῆς χώρας* s. ob. Abschn. VI. p. 16) gleichsam von dem der Mann also besessen war, dass die Lemuren(cf. v. 9 *Λεγιὼν* (11) *ὄνομά μου ὅτι πολλοὶ ἐσμέν*) in ihm selber spuckten und auf der Baubo er sich reitend dünkte (cf. v. 13)! Solch Geistertreiben konnte nur die Heerde Gottes wie einst den Herren (cf. Marc. 5, 17. 21) neu verschlagen (cf. Joh. 11, 52), wie Simons (12) Ekstasis und Wahn (cf. Act. 8, 9. Joh. 4, 18. 22 (13) Marc. 3, 21) die Samariter (cf. Matth. 10, 5. Joh. 8, 48).

Dagegen wer mit dem Geist der Reinigung vom Herrn in wahrer Sinnesheiligung (cf. Marc. 7, 21. 22. cf. Matth. 12, 44) im Einklang stand, auf den fand auch in Wahrheit das andre Wort (Marc. 9. 40 ὅς γὰρ οὐκ ἔστι καθ' ἡμῶν (Luc. 9, 50 ἱμῶν) ὑπὲρ ἡμῶν (Luc. ἱμῶν) ἐστίν cf. Joh. 21, 24 den plur. majestat. (13) Christi die Anwendung! Aus allem hier Berührten und noch Anderem (13) (cf. a. die Zeitbestimmung der Einforderung der Tempelsteuer τὰ δίδραχμα Matth. 17, 24 (15) im Monat Adar, unserm März — d. J. 35? (16), geht klar hervor, dass Jesus, ehe er den Weg (Marc. 10, 17 cf. Matth. 19, 15 ἐπορεύθη ἐκεῖθεν mit Luc. 10, 25) der Hauptstadt zu, die Römerstrasse über Ephron (?) einschlug, geraume Zeit vom Herbstes oder Winteranfang (cf. Joh. 10, 22. 24. (17) bis zum Frühling (letzte (18) Ostern) sich mit des Reichs Vollendung und der Art, wie er die letzte Wendung nun ausrichten solle, trug. — Nur wenig (19) und mehr abgerungne (19) Thaten und Worte (20) auch (cf Marc. 10, 18 ff. (21) 24 ff.) treten aus diesem Zeitraum (Matth. 11, 25 ἐν ἐκείνῳ τῷ καιρῷ—ἐν αὐτῇ τῇ ὥρᾳ (cf. Luc. 10, 21) uns entgegen! Die grosse, der Welt verborgne Gottesthat (Luc. 9, 45) (Matth. 20, 22 liest der Sin. nur: δύνασθε πιεῖν τὸ ποτήριον ὃ ἐγὼ μέλλω πίνειν ohne den Zusatz (9) ἢ τὸ βάπτισμα ὃ ἐγὼ βαπτίζομαι βαπτισθῆναι; ebenso fehlt v. 23: καὶ τὸ βάπτισμα ὃ ἐγὼ βαπτίζομαι βαπτισθήσεσθε), reifte zur Samens (cf. Jes. 53, 10) frucht (Joh. 12, 24) in höchster Selbstverläugnung (Marc. 10, 45, s. oben Matth. 19, 12.) damals aus und Christi letztes Wort in dieser Zeit scheint uns das Dank und Preisgebet zu sein (cf. Joh. 17, 1 ff. die weitere Ausführung der ursprünglichen (22) Worte Matth. 11, 26 ναὶ ὁ πατήρ, ὅτι οὕτως εὐδοκία ἐγένετο ἔμπροσθέν σου!)! das Jesus der Verwerfung dieser Welt (cf. Matth. 11, 20—24 pll.) zum Trotz (cf. Joh. 12, 37 ff.) zum Vater für sein Wohlgefallen richtete.

XI. Des ewigen Reiches Antritt.

Mit grossem Anspruch (cf. Sacharja 9, 9. mit Marc. 11, 1. ff. (1), nahte Jesus der Tochter Zions, (Matth. 21, 1. hat wohl mit Recht nur den Namen des Bezirks (2) $Bη\vartheta φαγή$ ohne $Bη\vartheta άνια$ Luc. 19, 29 s. ob. Abschn. II, p. 6) kaum verhoffend, auf diesem Zuge selbst (cf. Luc. 13, 22) bei aller Reichserbarmung, der mütterlichsten Liebe selbst zu ihrer Kinder Brut (cf. Matth. 23, 37 mit Luc. 13, 34 $ὃν τρόπον ὄρνιξ$) Jerusalems Blutschulden (cf. Matth. 23, 35 $ἀπὸ τοῦ αἵματος \, Ἀβελ \, τοῦ \, δικαίου \, ἕως \, τοῦ \, αἵματος \, Ζαχαρίου$ (2) $ὃν ἐφονεύσατε μεταξὺ τοῦ ναοῦ καὶ τοῦ θυσιαστηρίου$ mit Luc. 13, 1 u. a. St. (3) nach der Art des alten Hohen-Priesterthums, ohne das Opfer des eigenen Lebens zu bedecken oder die Obern (Luc. 23, 13), die längst den Tod ihm schon geschworen hatten (cf. Marc. 3, 6) gar, für das Reich der Zukunft zu gewinnen. — Allein er that, was ihm war aufgetragen (cf. Jes. 53, 4—7. mit Joh. 10, 17. 18. (4)) Er musste und wollte gern, wie ein Verschmähter (cf. Matth. 9, 15. $καὶ τότε νηστεύσουσιν$ abrupt!) selbst die Braut (Joh. 3, 29. Apocal. 22, 17) umwirbt, das Opfer seines eigenen Lebens bringen für die Welt (cf. Joh. 10, 16. 41, 52. Marc. 14, 24. $καὶ εἶπεν αὐτοῖς τοῦτό ἐστιν τὸ αἷμά μου τῆς διαθήκης τὸ ἐκχυννόμενον περὶ πολλῶν$); wenn dieses auch in späterer Symbolik (5) in unsern Schriften nun erscheint (6), so ist doch klar, dass jener (7) Einzug (cf. Joh. 12, 12. ff. $τῇ ἐπαύριον$ (8) in Jerusalem nur dann nicht Tollkühnheit und Reichsgelüste weltlicher Natur, deren Erfolg doch zweifelhaft stets blieb (cf. Luc. 14, 31), bedeuten kann (9), wenn er symbol. nur den Anspruch an das künftige Erbe (cf. Luc. 10, 35. pl. $ἰδοὺ ἀφίεται ὑμῖν ὁ οἶκος ὑμῶν$: d. h. das Haus Gottes wird weiter entsandt — den Völkern cf. Marc. 12, 9. pll.) vor Aller Augen stellen sollte, den er in Wahrheit für das Reich des Wohlgefallens (10) (cf. Luc 2, 14. $εἰρήνη$: שָׁלוֹם : $ἐν ἀνθρώποις εὐδοκίας$) machen durfte! Dass Christus an dem Hauptplatz (cf. Joh. 11, 48) seiner Feinde das längst erschaute (11) Schicksal nun erleiden werde, das stand ihm ohne allen Zweifel fest. Das Wann und Wie (cf. Marc. 13, 32) kam dabei weniger in Anbetracht, doch war das Kreuz dem Schein der weltlichen Empörung nah gelegt. In Luc. 22, 15 (καὶ εἶπεν πρὸς αὐτούς · ἐπιθυμίᾳ ἐπεθύμησα τοῦτο τὸ πάσχα φαγεῖν μεθ' ὑμῶν πρὸ τοῦ με παθεῖν) klingt, wie uns scheint, die tiefe Sehnsucht an beim alten Bundesmahle (12) seines Volks den Blutbund (13) mit den Seinen zu erneuern, der eine Ewigkeit bestehen sollte (cf. v. 16: λέγω γὰρ ὑμῖν ὅτι οὐ μὴ φάγω αὐτὸ, ἕως ὅτου πληρωθῇ ἐν τῇ βασιλείᾳ τοῦ θεοῦ) und nur Hyperkritik kann es in Frage bleiben (14), ob Jesus nicht zwei Tage (15) (den 12. Nisan verborgen fast wohl) vor dem Fest (cf. Marc. 14, 2) zum mindesten (cf. Joh. 12, 1), in der Umgebung Jerusalems eintraf, am Abend spät (ὀψέ Marc. 11, 11) daselbst hinein sich ziehend (καὶ εἰσῆλθεν εἰς Ἱεροσόλυμα εἰς τὸ ἱερὸν Ἰησοῦς καὶ περιβλεψάμενος πάντα κ. τ. λ.) und den Tempelplatz im Dunkeln noch besuchte, vielleicht dann auf dem Rückweg aus der Stadt zur Nachtwache am Oelberg (cf. Luc. 19, 37. mit Joh. 18, 1. (16) 2.) den οἰκοδεσπότης (17) besprach (cf. Marc. 14, 14. mit 51. Act. 12, 12), der einen Einverstandnen mit dem Erkennungszeichen (Marc. 14, 13) in der Hand, beim Thor des obern Teiches (18) etwa, am Abende des Folgenden (13. Nisan cf. das Morgengrauen des 14.: Joh. 12, 12. mit 18, 3) (19) aufstellen sollte, die Seinen zum Gemache (Marc. 14, 15) zu geleiten, wo sie das Paschah rüsten sollten (cf. v. 13). Ob freilich Jesus dieses noch geniessen konnte, ob nicht von jenem Brodbrechen (20) am Abend des 13. (cf Joh. 13, 1) (21) das auch die Jünger vor dem Einzug an die drohende Gefahr (22) bei schwebendem Erfolg des Schrittes im Innersten bewegen und Jesu Art desselben sich tief in ihrer Seele einprägen mochte (cf. Luc. 24, 30. 35), der Uebergang zu der Erinnerungsfeier des wahren Paschalamms (23), das ja zu gleicher Zeit geopfert ward, wo man das Prototypische (cf. Joh. 19, 36 mit Exod 12, 6) einst schlachtete (24), dann jene zum Herrenmahle der ἀγάπη (δοχή) (24) und ποδάνιψις (25) (cf. Joh. 13, 2. 4. 5. 15.) und endlich die ἀγάπη (εὐλογία) zur letzten Feier der εὐχαριστία (26) nach röm. Gebrauch zumal (27) (cf. Joh. 6, 55 ἡ γὰρ σάρξ μου ἀληθῶς ἐστι ποτόν (28)) sich Schritt für Schritt gestaltete und jener Ritus den ältern Gebräuchen (29) (cf. a. βάψας τὸ ψωμίον Joh. 13, 26. mit 21, 9. 13) gegenüber, in seiner neuen Fassung (cf. Joh. 6, 41. 52. 61. 63) (30), in dem Traktat des IV. Evangeliums (31) (cf. Joh. 6, 26 ff. cf. ἀμὴν, ἀμὴν λέγω ὑμῖν (–) οὐχ ὅτι εἴδετε σημεῖα, ἀλλ᾿ ὅτι ἐφάγετε ἐκ τῶν ἄρτων (cf. v. 9) (32) καὶ ἐχορτάσθητε) speziell (cf. Joh. 6, 51. ἄν τις φάγῃ ἐκ τοῦ ἐμοῦ ἄρτου ζήσει εἰς τὸν αἰῶνα · ὁ ἄρτος ὃν ἐγὼ δώσω ὑπὲρ τῆς τοῦ κόσμου ζωῆς ἡ σάρξ μου ἐστίν) daselbst vertheidigt wird, als manducatio carnalis (33), nicht oralis bloss (cf. 6, 32. mit Matth. 4. 4. Luc. 4, 4. hat der Sin. den Zusatz ἀλλ᾿ ἐπὶ παντὶ ῥήματι θεοῦ nicht!) ist eine grosse (34) vielverzweigte (35) Frage, die wir hier flüchtig nur anzeigen und in den Noten noch erörtern werden. Nur so viel möchte uns noch sicher sein durch das entschiedene Zeugniss des IV. Evgs., besonders (cf. Joh. 13, 1. 18, 28. 19, 14. 31, 42) (36) in seiner bestimmten Abweichung (37) von den Angaben der 3 ersten, dass Jesus vor dem Paschamahl der Juden (s. a. d. Urschrift (38) Joh. 18, 28 unten) an der παρασκευή (cf. a. Marc. 14, 12) des Lammes, während der Rüstzeit (3–6 Uhr, cf. Marc. 15, 25. 33. mit Joh. 19, 14. ὥρα ἦν ὡς ἕκτη) (39) wo sich die Masse (Marc. 14, 2) des Volkes sonst beschäftigt fand, am Nachmittage des XIV. Nisan (40) den Kreuzestod erlitt und zwar, wie man fast meinen sollte (cf. Joh. 19, 13. Γολγοθᾶ (41) statt Γαββαθᾶ (42) cf. v. 17) auf dem λιθόστρωτον der Tempelarea, so dass nach v. 17 (καὶ βαστάζων ἑαυτῷ (43) τὸν σταυρὸν ἐξῆλθεν, — das Erste, was nach jenem Eintritt in's Prätorion (44) zur Anschauung der weitern Kreise (45) noch kommen konnte), der schwer Gedrückte (46) von der Last des Kreuzes auch ferner Stehenden (cf. Marc. 14, 40. Luc. 23, 49) leicht sichtbar zur Burg Antonia (cf. 19, 20) heraustrat auf den Tempelplatz schon verurtheilt, unrettbar, (47) daher, als die Betrauten ihn gar am Kreuz erhöhet sahn von ferne, sie auf ihr Leben fort zur Heimat (cf. Joh. 16, 32 mit 20, 10) eilten. Dem Freudenrufe des Pilatus (48) (v. 29: τίνα κατηγορίαν φέρετε

(-) τοῦ ἀνθρώπου τούτου, hebr: = מַה־דְּבַר הָאֱנוֹשׁ הַזֶּה) in einem schroffen Gegensatz zur Seite tretend, entringt ein letzter (49) Schmerzenslaut sich Jesu Brust beim Schandpfahl אֶת־חָמְצָב הַלִּמּוּד (50) (cf. Joh. 19, 26 das griech. unverständliche des Sin., bloss: καὶ τὸν μαθητὴν παρεστῶτα - ὃν ἠγάπα - καὶ λέγει τῇ μητρί · γύναι ἰδοὺ ὁ υἱός σου) (50) der die Weisung an sich trug, dann schliesst für uns sich jener treue Mund bis zu dem letzten Aufschrei — (Marc. 15, 37 pll.) wer that der Welt, was' wir noch weiter lesen, kund? Beim Kreuze bleibt der Jünger Jesu stehn (cf. Marc. 8, 34 pll.) obwohl wir auch des Opfers Frucht (Jes. 53, 10. 12) ersehn! (51) — Die weitere Erhellung und Erklärung der Urschrift (cf. namentlich Joh. 12, 31 καὶ ἐκβληθήσεται (52) ἔξω mit Joh. 13, 22. ἔβλεπον οὖν οὖν οἱ Ἰουδαῖοι — cf. a. 13, 1. τοὺς Ἰουδαίους statt ἰδίους — εἰς ἀλλήλους οἱ μαθηταί, ἀπορούμενοι περὶ τίνος λέγει (53) u. Joh. 19, 38. ἦλθον οὖν καὶ ἦραν αὐτόν (54) mit v. 42 ὅπου ἔθηκαν τὸν Ἰησοῦν, endlich den letzten (55) sichern (56) Bericht des IV. Evgs (s. a. 18, 13) in seinem urspr. Bestand und Sinne zu erklären: 20, 10 (ἀπῆλθον οὖν πάλιν πρὸς ἑαυτοὺς (57) οἱ μαθηταί (cf Luc. 24, 12) überlassen wir den künftigen Noten. (58) Wir geben schliesslich als Anhang (Abschn. XII.) nur noch den revidirten Text des IV. Evgs nach seiner Urgestalt (59), wie wir ihn nach gewissenhafter wiederholter .(60) Prüfung erfinden und erkennen konnten. Ob ein Zusammenhang in ihm sich zeige und besseres geschichtliches Verständniss der Grundzüge der evangelischen Geschichte, das frage ein jeder sich am besten selbst! Der neueren Verweisung (61) des ganzen 4ten Evangeliums in's Reich der ausgebildeteren Schriftgestaltung der Zeit des IIten Jahrhunderts (62) der Kirche, die immer mehr sich geltend machen will (63), tritt unsre sprachl. Instanz (64) zunächst, dazu dann weiteres (65) Bedenken auch, mit aller Nüchternheit der Einzel-Forschung zwar entgegen; die Wahrheit (66) in der Andern Annahme deswegen nicht verkennend, nein nur besser und entschiedener begründend. —

XII. Anhang.

Versuch der Neuerstellung der Reste der Urschrift[1], die in unserm vierten Evangelium noch erhalten sind.

[1] Wir lassen dabei die Frage vor der Hand noch völlig offen, welchem grössern Ganzen einst jene Urschrift angehören mochte, sei sie nun Johanneisch (cf. Canon Murat. fragm. v. 10—16.), oder nicht, ein Bruchstück des älteren Hebräerevangeliums (1) oder auch des von der katholischen Kirche später unterdrückten Diatessaron Tatians (2) (vgl. auch Marcions „verum (3)" evangelium), oder wie wir immer die mannigfachen Ueberlieferungen (4) von ältern Evangelienschriften, als die kanonischen, zu deuten uns vermögen. Es genügte für unsern nächsten Zweck: Grundzüge der evangelischen Geschichte herzustellen, den Spuren älterer Schrift in sämmtlichen vier Evangelien nachzugehn und sie ins rechte Licht zu stellen, den ursprünglichen Zusammenhang auch aufzuzeigen, wie wir im Obigen bereits versuchten, um wenigstens vorläufig von dem neuen Etwas, das wir bieten, den Gedanken abzuwehren, als handle es in der versuchten ersten Texterstellung (siehe den Vorläufer: „Das Evangelium Johannis nach dem Grundtext (Codex Sinaiticus) getreu wiedergegeben. Ein historisch-kritischer Versuch von J. R. Tobler, V. D. M. Turicensis. Schaffhausen. Druck und Verlag der Brodtmann'schen Buchhandlung. 1867.) sich um ein blosses „Curiosum" (5), eine „Uebung des Scharfsinns", etwa, wie ein Recensent sich ausdrückte, der uns bat, „denselben „einem minder werthvollen Objekte, als der h. Schrift zuzuwenden", von anderen Redensarten Anderer (6) abzusehn, denen die Erneuerung eines noch keineswegs so völlig überwundenen (7) Standpunktes der älteren Kritik (8) mit jenem Schriftchen in die Quere kam.

Ob wir mit gegenwärtiger Begründung der ganzen Urtexthypothese ein günstigeres Urtheil für jene Annahme selbst Schweglers auch gewinnen, wollen wir erwarten in Geduld und Hoffnung besserer Einsicht. Wir können nur für die Treue der Textgestalt, die wir hier bieten, als treuen Abdruck aus dem Cod. ℵ einstehen und haften. Wie man die seltenen Lesarten desselben sich besser deuten könne, bleibe eine offene Frage.

Griech. (hebr.) Text.

I. 1. – ἦν ὁ λόγος –

19. καὶ αὐτή ἐστιν ἡ μαρτυρία τοῦ Ἰωάννου ὅτε ἀπέστιλαν οἱ Ἰουδαῖοι ἐξ Ἱεροσολύμων ἱερεῖς καὶ λευείτας ἵνα ἐπερωτήσωσιν αὐτόν · σὺ τίς εἶ;

20. καὶ ὡμολόγησεν καὶ οὐκ ἠρνήσατο ὅτι ἐγὼ οὐκ ἰμὶ ὁ χριστός ·

21. καὶ ἐπηρώτησαν πάλιν τί οὖν · Ἡλίας εἶ; λέγει οὐκ εἰμὶ – προφήτης εἶ σύ; καὶ ἀπεκρίθη · οὔ.

22. εἶπον οὖν αὐτῷ · τίς εἶ; ἵνα ἀπόκρισιν δῶμεν τοῖς πέμψασιν ἡμᾶς · τί λέγεις περὶ σεαυτοῦ;

23. ἔφη · ἐγὼ φωνὴ βοῶντος ἐν τῇ ἐρήμῳ, εὐθύνατε τὴν ὁδὸν κυρίου ·

24. καὶ ἀπεσταλμένοι ἦσαν ἐκ τῶν Φαρισαίων ·

25. καὶ εἶπον αὐτῷ τί οὖν βαπτίζεις εἰ σὺ οὐκ εἶ ὁ χριστὸς οὐδὲ Ἡλίας οὐδὲ ὁ προφήτης ·

26. ἀπεκρίθη αὐτοῖς ὁ Ἰωάννης λέγων · ἐγὼ βαπτίζω ἐν τῷ ὕδατι μέσος ὑμῶν ἑστήκει, ὃν ὑμεῖς οὐκ οἴδατε.

27. ὀπίσω μου ἐρχόμενος οὗ οὐκ εἰμὶ ἄξιος ἵνα λύσω αὐτοῦ τὸν ἱμάντα τοῖ ὑποδήματος.

II. 1. καὶ τῇ ἡμέρᾳ τῇ τρίτῃ γάμος ἐγένετο ἐν Κανᾶ τῆς Γαλιλαίας καὶ ἦν ἡ μήτηρ τοῦ Ἰησοῖ ἐκεῖ.

2. καὶ οἶνον οὐκ εἶχον ·

3. εἶτα λέγει ἡ μήτηρ τοῦ Ἰησοῦ πρὸς αὐτόν · οἶνος οὐκ ἔστιν ·

4. λέγει αὐτῇ ὁ Ἰησοῦς Τί ἐμοὶ καὶ σοὶ, γύναι ·

Deutsche Uebersetzung.

Er der Starke! (cf. Jes. 40, 10: Alam cf. Elymaeus) (Held und Herr) Jes. 9, 6. Micha 5, 2.	I. 1.
Und so das Zeugniss des Jochanan, als die Judäer von Jerusalem Priester und Leviten sandten ihn zu beforderen: »Wer bist du?!«	19.
Und er gelobte, war's nicht ab: »Ich nicht der Christus!«	20.
Und wiederum sie anherrschten: »Was denn (der) Elia?« Da sagt er: »Nein!« (oder) »der Prophet du?« Und die Antwort: »Nein!«	21.
Da sagten sie zu ihm: »Wer denn? dass wir Bescheid abgeben nach Beorderung! Was hältst du von dir selbst?«	22.
»Ich eine Stimme, sagt er, jenes Rufes (Jes. 40, 3) in der Trift: »Oeffnet den Weg des Herrn!»	23.
Es waren nämlich Abgesandte aus den Pharisäern!	24.
Da sagten sie zu ihm: »Was tauchst du denn, wenn du nicht bist der Christus, noch ein Elia, noch der Prophet!«	25.
Des Johannes Erwiederung darauf: »Ich tauche in dem Wasser, in Eure Mitte wird sich stellen, den Ihr nicht kennt (von Ihm nichts wissen wollt),	26.
Der nach mir kömmt, sollte es mir nicht Hochgebot denn sein, den Schritt des Fusses zu beflügeln?« —	27.
Und Drittags Hochzeit war bei dem Zeloten (Eiferer) Galiläa's und sie, die Mutter Jesu, war daselbst.	II. 1.
Und war kein Wein (zur Stelle) —	2.
Da sagt die Mutter Jesu zu ihm: »Kein Wein!« —	3.
Sagt zu ihr Jesus: »Was zwischen uns?«	4.

Griech. (hebr.) Text.

II. 5. λέγει ή μήτηρ αυτού τοις διακόνοις· ότι ὃ ἂν λέγῃ υμῖν ποιήσατε·

7. καὶ λέγει αὐτοῖς ὁ Ἰησοῦς· γεμίσατε τὰς ὑδρίας ὕδατος. καὶ ἐγέμισαν αὐτὰς ἕως ἄνω.

8. καὶ λέγει αὐτοῖς ἀντλήσατε νῦν καὶ φέρετε τῷ ἀρχιτρικλίνῳ καὶ ἤνεγκαν·

12. μετὰ τοῦτο κατέβη εἰς Καφαρναοὺμ αὐτὸς καὶ ἡ μήτηρ αὐτοῦ καὶ οἱ ἀδελφοὶ αὐτοῦ καὶ ἐκεῖ ἔμιναν οὐ πολλὰς ἡμέρας.

13. καὶ ἀνέβη ἰς Ἱεροσόλυμα ὁ Ἰησοῖς·

14. καὶ εὗρεν ἐν τῷ ἱερῷ τοὺς πωλοῖντας καὶ τὰ πρόβατα καὶ βόας καὶ περιστερὰς καὶ τοὺς κερματιστὰς καθημένους,

15. καὶ ἐποίησεν φραγέλλιον ἐκ σχοινίων καὶ πάντας ἐξέβαλεν ἐκ τοῖ ἱεροῖ τὰ πρόβατα καὶ τοὺς βόας καὶ τῶν κολλυβιστῶν ἐξέχεεν τὸ κέρμα καὶ τὰς τραπέζας κατέστρεψεν,

16. καὶ τοῖς τὰς περιστερὰς πωλοῦσιν εἶπεν· ἄρατε ταῦτα ἐντεῖθεν· μὴ ποιεῖτε τὸν οἶκον τοῖ πατρός μου οἶκον ἐμπορίου·

18. ἀπεκρίθησαν οὖν οἱ Ἰουδαῖοι καὶ εἶπον αὐτῷ τί σημῖον δεικνύεις ἡμῖν ὅτι ταῦτα ποιεῖς;

19. ἀπεκρίθη ὁ Ἰησοῦς καὶ εἶπεν αὐτοῖς· λύσατε τὸν ναὸν τοῦτον καὶ ἐν τρισὶν ἡμέραις ἐγερῶ αὐτόν·

20. εἶπον οὖν οἱ Ἰουδαῖοι τεσσαράκοντα καὶ ἓξ ἔτεσιν ᾠκοδομήθη ὁ ναὸς οὗτος καὶ σὺ τρισὶν ἡμέραις ἐγερεῖς αὐτόν;

IV. 45. ὡς οὖν ἦλθεν εἰς τὴν Γαλιλαίαν οἱ ἑωρακότες πάντα, ἃ ἐποίησεν ἐν Ἱεροσολίμοις

Deutsche Uebersetzung.

Sagt seine Mutter zu den Dieneren: »Was Er Euch sagt, das thuet ja!«	II. 5.
Da sagt zu ihnen Jesus: »Füllet die Krüge an mit Wasser!« Und sie füllten sie vollauf!	7.
Da sagt er zu denselben: »Schöpfet jetzt und bringt's dem Obermann!«	8.
Darnach stieg er hinunter nach Kapernaum, Er und seine Mutter und seine Brüder; doch blieben sie da nur wenig Tage!	12.
Und (als) Jesus nach Jerusalem hinaufzog,	13
Und fand beim Heiligthume die Verkäufer und die (vielen) Schafe und (auserlesene Stücke) Rinder und Tauben (päärchen) und die Wechsler hockend,	14.
Da machte er eine Geissel von Binsgeflecht und warf Alles vom Heiligthum hinaus — die Schafe und die Rinder — und der Wechsler Schnittstück liess er rollen und die Tische warf er um,	15.
und zu den Taubenverkäufern sagte er: »Tragt diese (Paare) hinweg! Machet nicht meines Vaters Haus zum Handelshause!«	16.
Da begegneten die Judäer und sagten zu ihm: »Was für ein Zeichen zeigst du uns, dass du (mit Vollmacht) dieses thust!«	18.
Der Jesus erwiederte und sagte zu ihnen: »Löst (von der Erbpacht) dieses Haus und in 3 Tagen (kürzester Frist cf. Hosea 6, 2) will ich aufrichten (nämlich das neue Gemeindehaus)!	19.
Da sagten die Judäer: »Sechs und vierzig Jahre (lang) ward dieses Haus gebaut und du willst dritt Tags es aufrichten!« —	20.
Als er nach Galiläa dann kam, so kamen und kehrten die, die Alles gesehen hatten, was er that zu Jerusalem.	IV. 45.

Griech. (hebr.) Text.

IV. 46. ἦλθαν οὖν πάλιν εἰς τὴν Κανᾶν τῆς Γαλιλαίας, ὅπου ἐποίησαν τὸ ὕδωρ οἶνον ·

47. ἀκούσας ὅτι ὁ Ἰησοῦς ἥκει ἐκ τῆς Ἰουδαίας εἰς τὴν Γαλιλαίαν, ἦλθεν οὖν πρὸς αὐτὸν καὶ ἠρώτα ἵνα καταβῇ καὶ ἰάσηται αὐτοῖ τὸν υἱόν · ἤμελλε γὰρ ἀποθνῄσκειν ·

V. 2. — προβατικὴ κολυμβήθρα — Βηθζᾶθα πέντε στοὰς ἔχουσα ·

5. ἐκεῖ τριάκοντα καὶ ὀκτὼ ἐν τῇ ἀσθενείᾳ αὐτοῦ.

6. τοῦτον ἰδὼν ὁ Ἰησοῦς ἀνακείμενον,

8. λέγει αὐτῷ ὁ Ἰησοῦς ἔγειρε ἆρον τὸν κράβαττόν σου καὶ περιπάτει ·

VI. 2. καὶ ἀπῆλθεν εἰς τὸ ὄρος καὶ ἐκαθέζετο μετὰ τῶν μαθητῶν αὐτοῦ ·

10. . . τόπος πολὺς ἐν τῷ τόπῳ · ἀνέπεσαν οὖν οἱ ἄνδρες τὸν ἀριθμὸν ὡς τρισχίλιοι,

13. συνήγαγον οὖν καὶ ἐγέμισαν δώδεκα κοφίνους κλασμάτων ἐκ τῶν πέντε ἄρτων τῶν κριθίνων ἃ ἐπερίσσευσεν τοῖς βεβρωκόσιν.

15. φεύγει πάλιν εἰς τὸ ὄρος μόνος αὐτός

16. κατέβησαν οἱ μαθηταὶ αὐτοῦ ἐπὶ τὴν θάλασσαν

17. καὶ ἐμβάντες εἰς πλοῖον ἔρχονται πέραν τῆς θαλάσσης.

19. θεωροῦσιν τὸν Ἰησοῦν περιπατοῦντα ἐπὶ τῆς θαλάσσης καὶ ἐγγὺς τοῦ πλοίου γινόμενον καὶ ἐφοβήθησαν.

Deutsche Uebersetzung.

Bei dem Zeloten (Eiferer) Galiläas an, wo das Wasser zu Wein ward — hörend (er) dass Jesus aus dem Judäischen nach Galiläa kam, da ging er zu ihm und forderte, dass er heruntersteige und heile sein todtkrankes Hauskind.	IV., 46.
Ein Oberbadestübchen, eine Oele (torculum) mit fünf Säulenreihen	V. 2.
Da ein Siecher in seinem Siechthum	5.
Sah diesen Jesus anliegend (am tabulatum)	6.
Da sagt er zu ihm: »Auf, nimm deine Trage und wandle fort!« —	8.
(Durch die Umfassungszeichen der folgenden Worte zeigen wir an, dass bei allen genuinen Zügen, die sie enthalten, die Sprachefärbung uns doch schon zweiter Hand erscheinen will. Das Nähere in den Noten!)	
Dann zog er zum Berg und lagerte sich mit seinen Jüngern	VI. 2.
— ein weiter Raum zu Platz, da liessen sich die Mannen nieder (zum Gemeinschaftsmahl) der Zahl nach an dreitausende.	10.
Und als man Sammlung (der Ueberbleibsel) hielt, da füllten sie 12 Körbe Brocken über die eigenen 5 Gerstenbrode als Gewinn des Mals.	13.
Kehrt er und flieht auf den Berg; Er allein!	15.
Seine Jünger waren zum Meer herabgestiegen	16.
Und zu Schiff steigend kommen sie über's Meer	17.
Da schauen sie Jesus wandelnd im Meer und das nah am Schiff und sie fürchteten sich.	19.

Griech. (hebr.) Text.

20. καὶ λέγει αὐτοῖς ἐγώ εἰμι μὴ φοβισθαι·
21. ἦλθον οὖν λαβῖν αὐτὸν εἰς τὸ πλοῖον καὶ εὐθὺς το πλοῖον ἐγένετο ἐπὶ τὴν γῆν εἰς ἦν ὑπήντησεν·
22. τῇ ἐπαύριον ὁ ὄχλος ὁ ἑστὼς πέραν τῆς θαλάσσης εἶδεν ὅτι πλοιάριον ἄλλο οὐκ ἦν ἐκεῖ εἰ μὴ ἓν κεῖνο εἰς ὃ ἐνέβησαν οἱ μαθηταὶ τοῦ Ἰησοῦ καὶ ὅτι οἱ συνεληλύθι αὐτοῖς ὁ Ἰησοῦς εἰς τὸ πλοίαν ἀλλὰ μόνοι οἱ μαθηταὶ αὐτοῦ,

24. ἐπελθόντων οὖν τῶν πλοίων ἐγγὺς οὔσης ἕπου καὶ ἔφαγον ἄρτον ἀνέβησαν εἰς τὸ πλοῖον καὶ ἦλθον ζητοῦντες τὸν Ἰησοῦν,
25. καὶ εὑρόντες αὐτὸν πέραν τῆς θαλάσσης εἶπον αὐτῷ ῥαββεὶ πότε ὧδε ἦλθες;
66. ἐκ τούτου οὖν πολλοὶ τῶν μαθητῶν ἀπῆλθον εἰς τὰ ὀπίσω καὶ οὐκέτι μετ' αὐτοῦ περιεπάτουν·

VII. 1. (μετὰ ταῦτα περιεπάτει ὁ Ἰησοῦς ἐν τῇ Γαλιλαίᾳ οἱ γὰρ ἤθελεν ἐν τῇ Ἰουδαίᾳ περιπατεῖν ὅτι ἐζήτουν αὐτὸν οἱ Ἰουδαῖοι ἀποκτεῖναι)·

3. εἶπον οὖν οἱ ἀδελφοὶ αὐτοὶ πρὸς αὐτὸν· μετάβηθι ἐντεῦθεν καὶ ὕπαγε εἰς τὴν Ἰουδαίαν ἵνα καὶ οἱ μαθηταί σου θεωροῖσιν τὰ ἔργα ἃ ποιεῖς·

4. οὐδὶς γάρ τι ἐν κρυπτῷ ποιῶν ζητῖ αὐτὸς ἐν παῤῥησίᾳ εἶναι, εἰ ταῦτα ποιεῖς φανέρωσον σεαυτὸν τῷ κόσμῳ·

Deutsche Uebersetzung.

Da sagt er zu ihnen: »Ich bin's, fürchtet euch nicht!«	20.
Da kamen sie ihn in das Schiff zu nehmen und sogleich war das Schiff am Land, wohin er traf!	21.
Folgenden (Tags) das Volk, das jenseits des Meeres stand, sah, dass ein anderes Fahrzeug daselbst nicht war, ausser jenes eine, in welches die Jünger Jesu gestiegen waren und dass Jesus nicht mit ihnen in das Geleite (Theoren) schiff gegangen war, sondern nur seine Jünger allein (da dachten sie an eine heimliche, bundbrüchige Entfernung)	22.
Da nun die Schiffe der Nachbarschaft kamen, wo sie auch (Gemeinschafts) brot gegessen, — da stiegen sie zu Schiff und kamen Jesus suchend,	24.
Und da sie ihn fanden jenseits des Meeres, sagten sie zu ihm: »Rabbi, wann kamst du hieher?« —	25.
Und auf das traten viele seiner Jünger zurück und wandelten nicht mehr mit ihm.]	66.
Nach diesen (Begebenheiten) zog Jesus in Galiläa herum, denn er wollte nicht in Judäa wandeln, weil die Judäer ihn zu tödten suchten.	VII. 1.
(Nach der grösseren Lücke in der zusammenhängenden Geschichtserzählung des IV. Evangeliums hier, siehe oben Abschn. VI—IX., schaltet der Diaskeuast wenigstens eine Beziehung und Begründung des unter IX beschriebenen Rückzugs ein, in den Uebergangsworten unsers Evangeliums),	
— — Da sagten seine Brüder zu ihm: »Hebe dich von dannen und ziehe in das Judäische (Dominialgebiet von Jerecho wohl (cf. 11, 7 u. Marc. 10. 1, Sin.) damit auch deine Jünger (cf. 10, 24) schaun die Werke, die du thust;	3.
Denn Keiner, der was in dem Dunkelthume schafft (gleichsam im Geheimbund mit dem Bösen ist) sucht selbst in Aller Mund zu sein; wenn du das	4.

Griech. (hebr.) Text.

IX. 1. καὶ παράγων εἶδεν ἄνθρωπον τυφλὸν ἐκ γενετῆς

6. ἔπτυσεν χαμαὶ καὶ ἐποίησεν πηλὸν ἐκ τοῦ πτύσματος καὶ ἐπέχρισεν αὐτοῦ τὸν πηλὸν ἐπὶ τοὺς ὀφθαλμούς,
7. καὶ εἶπεν αὐτῷ ὕπαγε νίψαι εἰς τὴν κολυμβήθραν τοῦ Σιλωάμ · ἀπῆλθεν οὖν καὶ ἐνίψατο καὶ ἦλθεν βλέπων ·
8. οἱ οὖν γείτονες καὶ οἱ θεωροῦντες αὐτὸν τὸ πρότερον, ὅτι προςαίτης ἦν, ἔλεγον οὐχ οὗτός ἐστιν ὁ καθήμενος καὶ προςαιτῶν ·
40. ἤκουσαν ἐκ τῶν Φαρισαίων οἱ μετ' αὐτοῦ ὄντες καὶ εἶπαν αὐτῷ · μὴ καὶ ἡμεῖς τυφλοί ἐσμεν;

41. εἶπεν αὐτοῖς ὁ Ἰησοῦς εἰ τυφλοὶ ἦτε οὐκ ἂν εἴχετε ἁμαρτίαν ·

X. 24. ἐκύκλωσαν οὖν οἱ Ἰουδαῖοι καὶ ἔλεγον αὐτῷ · ἕως πότε τὴν ψυχὴν ἡμῶν ἐρεῖς, εἰ σὺ εἶ ὁ χριστὸς εἶπον ἡμῖν παρρησία ·

25. ἀπεκρίθη ὁ Ἰησοῦς · εἶπον ὑμῖν καὶ οἱ πιστεύεται, τὰ ἔργα ἃ ἐγὼ ποιῶ ἐν τῷ ὀνόματι τοῦ πατρός μου ταῦτα μαρτυρεῖ περὶ ἐμοῦ ·

40. καὶ ἀπῆλθεν πάλιν πέραν τοῦ Ἰορδάνου ὅπου ἦν Ἰωάννης τὸ πρότερον βαπτίζων ·

Deutsche Uebersetzung.

(solche Dinge, wie die 9, 1 ff. Erzählten cf. Marc. 9, 22 ff. 24) wirklich thust, so offenbare dich der ganzen Welt (als der verheissene Heiland)!

Nämlich beim Uebergange (aus dem Galiläischen in's Judäische, wahrscheinlich bei Beth-Sean) sah er einen blinden Mann von Hause,	IX. 1.
Da spukte er zu Boden und machte einen Trill aus dem Spuck und strich seinen Trill auch auf die Augen,	6.
Und sagte zu ihm: »Hin dich zu waschen zum Gesandtenteiche (cf. 2. Kön. 5, 10. 14. 2, 22)!« Da ging er und wusch sich und kam sehend!	7.
Die Nächsten nun und die ihn vorhergeschaut, da er ein Bettler war, sagten: »Ist dieser nicht der Hocker und Bettelnde.«	8.
Hörten's (das anerkennende Gerede) von den Pharisäern, die mit ihm (Ziehenden) und sagten zu ihm: »Ob nicht (oder, dass nicht) auch wir blind (seien oder wären)!« (Sie meinten wohl zu wissen, wie die Heilung zu Stande gekommen) (cf. Matth. 12, 24.)	40.
Da sagte zu ihnen Jesus: »Wenn ihr blind (wäret) so (wäre es) kein Fehl!«	41.
Da drängten die Judäer und sagten zu ihm: »Wie lange (d. h. nicht lange Zeit mehr) übernimmst du uns! Ob du der Christus bist, sag uns (jetzt) offen!«	X. 24.
Jesus erwiederte: »Sagte ich's Euch, so würdet Ihr doch nicht glauben, die Werke, die ich thue im Namen meines Vaters, diese zeugen von mir!«	25.
Und er wandte sich und ging über den Jordan, wo Johannes zuerst (cf. Joh. 4, 23) tauchte.	40.

Griech. (hebr.) Text.

XI. 3. ἀπέστιλαν οὖν πρὸς αὐτὸν αἱ ἀδελφαὶ λέγουσαι·
κύριε ἴδε ὃν φιλεῖς ἀσθενῖ·

7. ἔπειτα μετὰ τοῦτο λέγει τοῖς μαθηταῖς ἄγωμεν εἰς τὴν Ἰουδαίαν·
17. ἐλθὼν οἶν ὁ Ἰησοῦς εὗρεν αὐτὸν τέσσαρες ἐν τῷ μνημείῳ·
41. ἦραν οἶν τὸν λίθον·
44. καὶ ἐξῆλθεν ὁ τεθνηκὼς δεδεμένος τοὺς πόδας καὶ τὰς χῖρας κειρίαις καὶ ἡ ὄψις αὐτοῦ σουδαρίῳ περιεδέδετο, λέγει αὐτοῖς ὁ Ἰησοῦς λύσατε αὐτὸν καὶ ἄφετε ὑπάγειν·

54. ὁ οἶν Ἰησοῦς οὐκέτι παρρησία περιεπάτει ἐν τοῖς Ἰουδαίοις ἀλλὰ ἀπῆλθεν ἐκεῖθεν εἰς Ἐφρέμ·

XII. 12. τῇ ἐπαύριον ὄχλος πολὺς
13. ἔλαβον τὰ βαΐα τῶν φοινίκων καὶ ἐξῆλθον εἰς ὑπάντησιν αὐτῷ καὶ ἐκραύγαζον λέγοντες ὡσαννὰ εὐλογημένος ὁ ἐρχόμενος ἐν ὀνόματι κυρίου καὶ ὁ βασιλεὺς τοῦ Ἰσραήλ·
16. καὶ ταῦτα ἐποίησαν αὐτῷ·
31. καὶ ἐκβληθήσεται ἔξω·

XIII. 22. ἔβλεπον οὖν οὖν οἱ Ἰουδαῖοι εἰς ἀλλήλους οἱ μαθηταὶ ἀποροίμενοι περὶ τίνος λέγει·

XVIII. 3. ὁ οὖν Ἰούδας ἔρχεται
10. καὶ ἀπέκοψεν αὐτοῦ τὸ ὠτάριον τὸ δεξιόν,

Deutsche Uebersetzung.

Sandte da zu ihm das Schwester (haus cf. Marc. 6, 3) die Meldung: »Herr, schau dein Freund schwacht aus!«	XI.	3.
Hernach nach diesem sagt er zu den Jüngern: »Ziehn wir in das Judäische!«		7.
Da nun Jesus kam, fand er ihn im Hock (sitz des Todten, eig. zu viere) im Grab,		17.
Und da man den Steinverschluss hob,		41.
Da kam der Todte heraus gebunden an den Füssen und den Händen mit Leichenbinden (wie ein Wickelkind) und sein Angesicht war mit einem Tuch (Turban) umwunden. Da sagt zu ihnen Jesus: »Löst ihn auf und lasst ihn gehn!«		44.
.Da wandelte Jesus nicht mehr öffentlich unter den Judäern, sondern ging von dort nach Ephrem!		54.
Folgenden (Tags) viel Volk	XII.	12.
Die Palmenzweige nahm und hinaus gingen ihm entgegen und schrieen den Ruf: »Hoch Heil, gesegnet sei, der kömmt ins Herren Namen!« Und: »der König des (neu erstehenden) Israel!«		13.
— und das thaten sie ihm —		16.
Da wurde er (im Gedränge) von dem Füllen, das er ritt (cf. Marc. 11, 2 pll.) in die Gosse geworfen,		31.
Da sahen sie einander an, die Judäer, die Jünger (geriethen) in Angst, an wen es (noch) gehe (cf. 1 Mose 4, 8. Hiob 39, 25)!	XIII.	22.
Kömmt nun Judas	XVIII.	3.
Und schnitt seinen rechten (Quasten cf. Matth. 23, 5. Marc. 6, 56. 1. Sam. 24, 5 mit Num. 15, 37 ff. Deuter. 22, 12 a. Marc. 14, 44) Flügel ab,		10.

Griech. (hebr.) Text.

12. ἡ οὖν σπεῖρα καὶ ὁ χιλίαρχος καὶ οἱ ὑπηρέται τῶν Ἰουδαίων συνέλαβον τὸν Ἰησοῦν καὶ ἔδησαν αὐτὸν
13. καὶ ἤγαγον (εἰς Ἀσσυρίου) πρῶτον
28. ἄγουσιν οὖν τὸν Ἰησοῦν εἰς τὸ πραιτώριον καὶ αὐτοὶ οὐκ εἰσῆλθον εἰς τὸ πραιτώριον ἵνα μὴ μιανθῶσιν ἀλλὰ φάγωσι τὸ πάσχα ·
29. ἐξῆλθεν οὖν πρὸς αὐτοὺς ὁ Πιλᾶτος ἔξω καὶ φησίν · τίνα κατηγορίαν φέρετε τοῖ ἀνθρώπου τούτου;

XIX. 16. τότε οὖν παρέδωκεν αὐτοῖς αὐτόν ·
17. καὶ βαστάζων ἑαυτῷ τὸν σταυρὸν ἐξῆλθεν εἰς Γολγαθᾶ,
18. ὅπου αὐτὸν ἐσταύρωσαν καὶ μετ' αὐτοῦ ἄλλους δύο ἐντεῦθεν καὶ ἐντεῦθεν ·
26. καὶ τὸν μαθητὴν παρεστῶτα καὶ λέγει τῇ μητρί · γύναι ἰδοὺ ὁ υἱός σου ·
38. ἦλθον οὖν καὶ ἦραν αυτόν ·
42. ἐκεῖ οὖν ὅπου ἔθηκαν τὸν Ἰησοῦν ·

XX. 10. ἀπῆλθον οὖν πάλιν πρὸς ἑαυτοὺς οἱ μαθηταί · —

Deutsche Uebersetzung.

Da packten die Rotte und der Oberführer und die Knechte der Judäer Jesus und banden ihn	12.
Und brachten ihn (ins Gewalthaus) zuerst.	13.
Führen sie dann Jesus in's Richthaus — und sie selbst gingen nicht in das (heidn.) Richthaus hinein, damit sie nicht befleckt würden, sondern das Paschah essen können —	28.
Da trat zu ihnen Pilatus heraus und sagt: »Was (tausend) Sache! Bringt ihr diesen Menschen!«	29.
Und dann übergab er ihnen Ihn!	XIX. 16.
Und tragend auf sein Leben das (schwere) Kreuz, trat er heraus auf Golgotha (cf. a. v. 13. Sin.),	17.
Wo sie ihn kreuzigten und mit ihm 2 andere zu beiden Seiten.	18.
Und bei dem Weisungspfahl sagt er zur Mutter: »Weib schau dein Sohn!« (cf. a. Luc. 2, 35)	26.
Da kamen sie und hoben ihn empor!	38.
Und wo sie Jesus hinsetzten (auf den Mittelblock mit seinem Horn) (cf. Joh. 20, 27)	42.
Da wandten sie (cf. Marc. 15, 40 pll.) sich um und liefen auf ihr Leben (cf. Luc. 24, 12) die Betrauten! —	XX. 10.

Errata.

p. 8 Z. 3 v. ob. schiebe ein hinter cf.: Joh.
p. 10 Z. 9 v. u. lies: West statt Ost-meer.
p. 9 Z. 11 v. ob. ergänze hinter »sah« ein (3).
p. 17 Z. 6 v. ob. lies κάμαι statt κώμαις.
p. 17 Z. 13 v. unt. lies Elisa statt Elias.